INHALT

EINLEITUNG

Die Künstliche Intelligenz (KI) hat sich von einer futuristischen Vision zu einem unverzichtbaren Bestandteil unseres Alltags entwickelt. Sie ist längst kein reines Thema der Wissenschafts- und Technikwelt mehr, sondern beeinflusst unser tägliches Leben in vielerlei Hinsicht – oft unbemerkt und im Stillen. Ob in den Empfehlungen auf Streaming-Diensten, der Navigation im Verkehr oder der Kommunikation mit digitalen Assistenten – KI ist allgegenwärtig.

In diesem eBook *„Wie Künstliche Intelligenz in Zukunft unseren Alltag bestimmt"* möchte ich die vielschichtigen Auswirkungen von KI auf unser Leben untersuchen und einen Blick in die Zukunft werfen. Die Zielsetzung dieses Buches ist es, den Lesern ein umfassendes Verständnis für die aktuellen Entwicklungen in der KI-Technologie zu vermitteln und zu zeigen, wie diese Entwicklungen in den kommenden Jahren unseren Alltag prägen werden.

Dabei geht es nicht nur um die Technologie selbst, sondern auch um die weitreichenden gesellschaftlichen, ethischen und wirtschaftlichen Veränderungen, die mit der Einführung von KI einhergehen. Wie werden Arbeitsplätze und Berufsfelder aussehen, wenn Maschinen immer mehr Aufgaben übernehmen? Welche Chancen und Herausforderungen bringt KI für den Gesundheitsbereich, die Kunst, die Umwelt und die Bildung? Und wie können wir sicherstellen, dass diese Technologien verantwortungsbewusst entwickelt und eingesetzt werden?

Das Ziel dieses Buches ist es, nicht nur die technischen Details von Künstlicher Intelligenz zu erklären, sondern auch die größeren Zusammenhänge und möglichen Auswirkungen auf unsere

Gesellschaft zu beleuchten. Ich möchte Ihnen zeigen, wie KI als Werkzeug dienen kann, um Herausforderungen zu meistern, Innovationen voranzutreiben und unsere Lebensqualität zu verbessern. Gleichzeitig werden wir die ethischen und moralischen Fragestellungen nicht aus den Augen verlieren, die mit der zunehmenden Digitalisierung und Automatisierung unseres Lebens einhergehen.

Dieses Buch richtet sich an alle, die neugierig darauf sind, wie KI die Zukunft gestaltet – sei es als Einsteiger, der sich für neue Technologien interessiert, oder als Fachmann, der ein tieferes Verständnis für die Richtung entwickeln möchte, in die wir uns bewegen. Es soll als Ausgangspunkt dienen, um die Potenziale und Risiken der KI zu verstehen und eine fundierte Perspektive auf die Entwicklungen in diesem spannenden, aber auch herausfordernden Bereich zu gewinnen.

Lassen Sie uns gemeinsam eintauchen in die faszinierende Welt der Künstlichen Intelligenz und die unglaublichen Möglichkeiten, die sie für unsere Zukunft bereithält.

Andreas Hauke

BIOGRAFIE VON ANDREAS HAUKE

Andreas Hauke wurde 1979 in Berlin geboren und wuchs in einer technikaffinen Familie auf, die schon früh sein Interesse an Wissenschaft und Technologie weckte. Bereits als Kind faszinierte er sich für Computer, Robotik und die Möglichkeiten der Maschinen, menschliches Leben zu bereichern. Nach dem Abitur studierte Andreas Hauke Informatik an der Technischen Universität Berlin, wo er sich auf Künstliche Intelligenz (KI) und maschinelles Lernen spezialisierte. Während seines Studiums war er ein begeisterter Teilnehmer an verschiedenen Forschungsprojekten und entwickelte eine Leidenschaft für die ethischen und praktischen Implikationen der KI-Entwicklung.

Nach seinem Abschluss arbeitete Andreas Hauke in verschiedenen führenden Technologieunternehmen, sowohl im Bereich Forschung und Entwicklung als auch in der Anwendung von KI-Technologien in der Industrie. Er war maßgeblich an der Entwicklung von Softwarelösungen beteiligt, die maschinelles Lernen und Künstliche Intelligenz für Unternehmen zugänglich machten. Besonders interessiert ihn dabei der Wandel, den KI in den Bereichen Medizin, Wirtschaft und Umweltbewusstsein bewirken kann.

Im Jahr 2015 entschloss sich Hauke, seine berufliche Laufbahn zu verändern und als unabhängiger Berater und Autor tätig zu werden. Er gründete eine Beratungsfirma, die sich auf die Implementierung und ethische Nutzung von Künstlicher Intelligenz in verschiedenen Branchen konzentriert. Hauke ist bekannt für seine Fähigkeit, komplexe Themen rund um KI verständlich zu erklären und die Technologie nicht nur aus technischer, sondern auch aus gesellschaftlicher Perspektive zu betrachten.

Sein Interesse an der gesellschaftlichen Wirkung von KI führte ihn dazu, in den letzten Jahren zunehmend als Sprecher auf internationalen Konferenzen und in öffentlichen Diskussionen zu auftreten, um das Bewusstsein für die potenziellen Chancen und Risiken von KI zu schärfen. In seinem ersten Buch „*Wie Künstliche Intelligenz in Zukunft unseren Alltag bestimmt*" untersucht er, wie KI nicht nur als technologische Innovation, sondern als transformative Kraft in nahezu allen Lebensbereichen wirken wird.

Neben seiner Arbeit als Berater und Autor ist Andreas Hauke auch leidenschaftlicher Forscher und engagiert sich in mehreren Initiativen zur Förderung von KI-Bildung und -Weiterbildung, insbesondere für Menschen in unterrepräsentierten gesellschaftlichen Gruppen. Er lebt in Berlin und genießt seine Freizeit mit seiner Familie, beim Radfahren und bei der Fotografie.

DANKSAGUNG

Ich möchte an dieser Stelle allen danken, die mir bei der Entstehung dieses eBooks zur Seite standen und mich auf meiner Reise begleitet haben, um die faszinierenden Möglichkeiten der Künstlichen Intelligenz im Alltag zu erkunden.

Mein tiefster Dank gilt meiner Familie und meinen Freunden, die immer an mich geglaubt und mich unermüdlich unterstützt haben, sowohl emotional als auch praktisch. Ohne ihre Geduld und Ermutigung wäre dieses Projekt nicht realisierbar gewesen. Ein besonderer Dank geht an meine Partnerin, die stets an meiner Seite war und mir geholfen hat, in den schwierigeren Momenten den Fokus zu bewahren.

Ich möchte auch den Experten und Wissenschaftlern danken, deren Arbeit und Forschung mich zu den Themen dieses eBooks inspiriert haben. Ihre bahnbrechenden Erkenntnisse und Ideen über die Entwicklung und Auswirkungen von Künstlicher Intelligenz auf unsere Gesellschaft haben mich maßgeblich geprägt.

Ein herzliches Dankeschön geht an die technologische Community, die nicht nur die Werkzeuge und Plattformen bereitstellt, die das Schreiben und Veröffentlichen dieses Buches möglich gemacht haben, sondern auch an die vielen Diskussionen und Feedbacks, die mir geholfen haben, dieses Thema aus unterschiedlichen Perspektiven zu betrachten.

Mein Dank gilt auch den Lesern, die sich für dieses Thema interessieren und die Zukunft der Künstlichen Intelligenz aktiv mitgestalten möchten. Ohne eure Neugier und euren Drang, mehr zu erfahren, würde dieses Projekt nicht die Bedeutung haben, die es heute trägt.

Zu guter Letzt danke ich den vielen Menschen, die unermüdlich an der Entwicklung von KI arbeiten – den Pionieren und Innovatoren, die mit jeder Codezeile und jedem Experiment dazu beitragen, dass diese Technologie unser Leben auf positive Weise verändert. Eure Arbeit ist eine der größten Inspirationen für dieses Buch.

Danke an euch allen für eure Unterstützung, euer Interesse und euren Glauben an eine Zukunft, die durch Technologie und Innovation immer mehr Möglichkeiten eröffnet.

Andreas Hauke

KAPITEL 1:
EINLEITUNG

Künstliche Intelligenz (KI) ist mehr als nur ein Schlagwort in der heutigen Technologie- und Medienwelt. Sie ist eine der transformativsten Technologien unserer Zeit und beeinflusst bereits heute viele Aspekte unseres Lebens. Doch das wahre Ausmaß der Veränderung, die sie in den kommenden Jahren bringen wird, ist noch nicht vollständig abzusehen.

Die Diskussion über Künstliche Intelligenz ist oft von Ängsten und Hürden begleitet – von der Angst vor Jobverlusten bis hin zu den Sorgen um die ethischen Implikationen der Technologie. Aber KI birgt auch enormes Potenzial, um unser Leben effizienter, sicherer und produktiver zu gestalten. In diesem Buch werfen wir einen genaueren Blick darauf, wie KI unseren Alltag verändern wird, welche Vorteile und Herausforderungen damit verbunden sind und wie wir uns auf die Zukunft der Künstlichen Intelligenz vorbereiten können.

1. Die Bedeutung der Künstlichen Intelligenz in der modernen Welt

Die Entwicklung der KI hat in den letzten Jahrzehnten eine enorme Geschwindigkeit erreicht. Technologien, die vor einigen Jahren noch futuristisch erschienen, gehören heute zu unserem Alltag. Spracherkennungssoftware, selbstfahrende Autos, personalisierte Werbung – all diese Anwendungen sind das Resultat von fortschrittlicher KI, die es Maschinen ermöglicht, aus

Daten zu lernen und eigenständig Entscheidungen zu treffen.

Doch Künstliche Intelligenz geht über diese Beispiele hinaus. Sie ist eine treibende Kraft hinter Innovationen in nahezu jedem Bereich, von der Medizin bis zur Unterhaltungsindustrie, von der Forschung bis zum Finanzwesen. Unternehmen weltweit setzen KI ein, um Prozesse zu optimieren, die Effizienz zu steigern und neue Geschäftsmodelle zu entwickeln. Die Möglichkeiten sind nahezu unbegrenzt, und doch befinden wir uns erst am Anfang dieser Revolution.

2. Warum KI eine Schlüsseltechnologie für die Zukunft ist

Die Zukunft von KI wird nicht nur von den Unternehmen und Entwicklern geprägt, die die Technologie schaffen, sondern auch von den gesellschaftlichen Veränderungen, die sie mit sich bringen wird. In den kommenden Jahren wird KI unsere Gesellschaft in vielerlei Hinsicht prägen. Sie wird die Art und Weise, wie wir arbeiten, kommunizieren und leben, grundlegend verändern. Die Automatisierung von Aufgaben, die bislang nur Menschen ausführen konnten, wird neue Chancen bieten, gleichzeitig aber auch neue Herausforderungen schaffen.

Ein zentrales Thema ist dabei die Frage der Verantwortung und Kontrolle. Während KI dazu in der Lage ist, enorme Mengen an Daten zu analysieren und auf dieser Basis Entscheidungen zu treffen, stellt sich die Frage, wie diese Entscheidungen überwacht und kontrolliert werden können. Wer ist verantwortlich, wenn eine KI-Technologie fehlerhafte Entscheidungen trifft? Welche ethischen Implikationen hat die Nutzung von KI in sensiblen Bereichen wie der Medizin oder der öffentlichen Sicherheit?

Diese Fragen werden zunehmend drängender, da die Technologie immer leistungsfähiger wird. Die Verantwortung liegt nicht nur bei den Entwicklern und Unternehmen, die KI-Systeme erschaffen, sondern auch bei den politischen

Entscheidungsträgern, die den rechtlichen Rahmen für den Einsatz von KI schaffen müssen.

In den folgenden Kapiteln dieses Buches werden wir uns damit befassen, wie Künstliche Intelligenz bereits heute in verschiedenen Lebensbereichen genutzt wird und wie sie unseren Alltag in der Zukunft bestimmen könnte. Wir werfen einen Blick auf die verschiedenen Einsatzmöglichkeiten von KI in der Industrie, der Medizin, der Mobilität und vielen anderen Bereichen, um ein besseres Verständnis dafür zu entwickeln, wie sie unser Leben in den kommenden Jahren verändern wird.

KAPITEL 2: WAS IST KÜNSTLICHE INTELLIGENZ?

Künstliche Intelligenz ist ein sehr breites und komplexes Feld, das eine Vielzahl von Technologien umfasst. Um ein besseres Verständnis dafür zu entwickeln, wie KI funktioniert und welche Potenziale sie birgt, ist es wichtig, zunächst eine grundlegende Definition zu geben und die verschiedenen Arten von KI zu erläutern.

1. Eine kurze Einführung in die KI

Künstliche Intelligenz beschreibt Systeme oder Maschinen, die in der Lage sind, Aufgaben zu erledigen, die normalerweise menschliche Intelligenz erfordern würden. Diese Maschinen sind darauf programmiert, aus Erfahrungen zu lernen, Muster zu erkennen und Entscheidungen zu treffen – all das auf der Grundlage von Daten. Die Fähigkeit einer Maschine, aus Erfahrungen zu lernen, ist ein zentraler Bestandteil dessen, was KI von herkömmlichen Softwarelösungen unterscheidet.

Der Begriff „Künstliche Intelligenz" wurde in den 1950er Jahren geprägt und bezieht sich ursprünglich auf die Idee, Maschinen zu erschaffen, die in der Lage sind, zu „denken" und zu „lernen". Seitdem hat sich das Feld rasant weiterentwickelt, und KI-Technologien sind heute in vielen Bereichen alltäglich.

2. Arten der KI: Schwache KI vs. Starke KI

Es gibt zwei Hauptkategorien der Künstlichen Intelligenz: Schwache KI und Starke KI.

- **Schwache KI** (auch als enge KI bezeichnet) ist auf die Lösung spezifischer Aufgaben beschränkt. Diese Form von KI ist bereits weit verbreitet und umfasst Anwendungen wie Sprachassistenten (z. B. Siri oder Alexa), die Diagnose von Krankheiten in der Medizin oder die Empfehlung von Filmen auf Streaming-Plattformen. Sie ist darauf ausgelegt, bestimmte Probleme zu lösen, ohne darüber hinaus zu „denken" oder auf andere Aufgaben übergreifend zu reagieren.

- **Starke KI** (auch als allgemeine KI bezeichnet) hingegen ist eine Form der Künstlichen Intelligenz, die ein menschenähnliches Maß an kognitiven Fähigkeiten erreicht. Sie wäre in der Lage, eine breite Palette von Aufgaben zu bewältigen, zu lernen, zu verstehen und Entscheidungen zu treffen, die weit über das hinausgehen, was die schwache KI leisten kann. Eine starke KI würde in der Lage sein, auf verschiedene Situationen flexibel zu reagieren und zu lernen, ähnlich wie ein Mensch.

3. Maschinelles Lernen und Deep Learning

Zwei wichtige Teilgebiete der Künstlichen Intelligenz sind **Maschinelles Lernen** (ML) und **Deep Learning** (DL).

- **Maschinelles Lernen** ist ein Ansatz, bei dem Computermodelle entwickelt werden, die auf Basis von Daten lernen und Vorhersagen treffen können, ohne explizit programmiert zu werden. Der Algorithmus wird mit großen Mengen an

Daten trainiert, um Muster zu erkennen und Entscheidungen zu treffen. Ein häufig verwendetes Beispiel für maschinelles Lernen ist die E-Mail-Spam-Erkennung: Der Algorithmus lernt, welche Merkmale typische Spam-Nachrichten auszeichnen und kann diese dann automatisch herausfiltern.

- **Deep Learning** ist eine spezielle Methode des maschinellen Lernens, die auf künstlichen neuronalen Netzen basiert. Diese Netzwerke sind von der Funktionsweise des menschlichen Gehirns inspiriert und ermöglichen es der KI, noch komplexere Muster zu erkennen. Deep Learning wird häufig in Bereichen wie der Bild- und Spracherkennung eingesetzt und hat zu bedeutenden Fortschritten in der KI-Forschung geführt.

KAPITEL 3: KÜNSTLICHE INTELLIGENZ IM ALLTAG VON HEUTE

Künstliche Intelligenz ist in vielen Bereichen unseres Lebens bereits ein unverzichtbarer Bestandteil, oft ohne dass wir uns dessen bewusst sind. Die meisten Menschen nutzen KI im Alltag, sei es in Form von Sprachassistenten auf ihrem Smartphone, personalisierten Empfehlungen auf Streaming-Diensten oder der Navigation mit GPS. In den letzten Jahren hat sich die Technologie so weit entwickelt, dass sie nicht mehr nur als futuristische Vision gilt, sondern als praktisch angewandte Lösung für eine Vielzahl von Aufgaben.

Im Alltag sind es vor allem die Aufgaben, die sich repetitiv wiederholen oder durch große Datenmengen unterstützt werden, bei denen Künstliche Intelligenz ihre Stärken ausspielt. In diesem Kapitel werfen wir einen Blick darauf, wie KI bereits heute unseren Alltag verändert und welche Entwicklungen in naher Zukunft zu erwarten sind.

1. KI in Smartphones und digitalen Assistenten

Einer der bekanntesten Bereiche, in dem KI bereits heute massiv in den Alltag integriert ist, sind digitale Assistenten wie Siri, Google Assistant und Alexa. Diese Sprachassistenten verwenden fortgeschrittene Algorithmen und maschinelles Lernen, um gesprochene Anfragen zu verstehen und zu beantworten. Sie können nicht nur einfache Aufgaben erledigen – wie das Setzen eines Timers oder das Abfragen von Wetterdaten – sondern auch komplexe Handlungen ausführen, etwa das Steuern von Smart-Home-Geräten, das Versenden von Nachrichten oder das Steuern von Musikdiensten.

Die Fähigkeit dieser Systeme, durch kontinuierliches Lernen ihre Reaktionsgenauigkeit zu verbessern, macht sie zu einem immer nützlicheren Bestandteil des Alltags. Jeder Nutzer, der beispielsweise regelmäßig mit Alexa oder Siri interagiert, merkt, wie sich die KI mit der Zeit an seine Sprachmuster und Präferenzen anpasst.

Ein weiterer Bereich, in dem KI unser Smartphone-Erlebnis verbessert, ist die Bilderkennung. Fotodienste wie Google Fotos und Apple Fotos nutzen maschinelles Lernen, um automatisch Gesichter zu erkennen, Fotos zu kategorisieren und sogar Situationen zu identifizieren, die für den Nutzer von Interesse sein könnten. Die „Suchfunktion" in solchen Apps basiert auf der Fähigkeit der KI, visuelle Merkmale und Objekte in Bildern zu identifizieren.

2. Personalisierte Empfehlungen

Ein weiteres Beispiel für die allgegenwärtige Anwendung von Künstlicher Intelligenz ist die personalisierte Empfehlung. Dies trifft besonders auf Plattformen wie Netflix, Spotify und Amazon zu. Diese Plattformen nutzen KI-Algorithmen, die auf deinem bisherigen Verhalten basieren, um dir Inhalte vorzuschlagen, die du mit hoher Wahrscheinlichkeit mögen würdest. Wenn du beispielsweise regelmäßig bestimmte Arten von Filmen oder Musik hörst, wird die Plattform dir zunehmend ähnliche Inhalte empfehlen.

Hinter diesen Empfehlungen steckt eine enorme Menge an Datenanalyse. KI-Systeme analysieren kontinuierlich dein Verhalten und vergleichen es mit dem Verhalten anderer Nutzer, um Muster zu erkennen und Vorhersagen darüber zu treffen, was dir gefallen könnte. Diese personalisierten Empfehlungen sind nicht nur bequem, sondern auch ein treibender Faktor für die Popularität und das Wachstum von Streaming-Diensten und Online-Shops.

Die Zukunft dieser personalisierten Systeme wird noch spannender. In den nächsten Jahren ist zu erwarten, dass KI noch viel präziser wird, indem sie nicht nur vergangenes Verhalten, sondern auch andere, tiefere Datenquellen wie deinen emotionalen Zustand, deine täglichen Gewohnheiten oder sogar deine geografische Lage berücksichtigt, um noch gezieltere Vorschläge zu machen.

3. Automatisierung von Haushaltsgeräten

Der Smart Home-Markt wächst rasant, und Künstliche Intelligenz spielt dabei eine Schlüsselrolle. Haushaltsgeräte wie intelligente Kühlschränke, Thermostate und Staubsaugerroboter werden immer „intelligenter". So können smarte Thermostate wie der Nest Learning Thermostat lernen, wann du zu Hause bist und welche Temperatur du bevorzugst, um automatisch die Heizung oder Kühlung zu regulieren und Energie zu sparen.

Staubsaugerroboter wie der Roomba nutzen KI, um dein Zuhause effizient zu reinigen. Sie sind mit Sensoren ausgestattet, die Hindernisse erkennen und ihre Reinigungswege anpassen. Diese Geräte können nicht nur die Möbel und Räume erkennen, sondern auch lernen, welche Bereiche deines Hauses häufiger gereinigt werden müssen.

KI wird zunehmend auch in weiteren Bereichen des Haushalts eingesetzt, wie z. B. in der Küchentechnologie (intelligente

Mikrowellen, die bestimmte Rezepte erkennen können), oder bei der Fernsehsteuerung, bei der die KI basierend auf deinem Seh- und Nutzungsverhalten Programme empfiehlt oder sogar bestimmte Anzeigen filtert.

4. KI im Finanzwesen

Auch im Finanzwesen hat die Künstliche Intelligenz bereits Einzug gehalten. Banken und Finanzunternehmen setzen KI ein, um große Datenmengen zu analysieren und fundierte Entscheidungen zu treffen. Machine-Learning-Algorithmen helfen dabei, Markttrends zu erkennen, Risiken zu bewerten und die besten Anlagestrategien zu identifizieren.

Ein Beispiel hierfür ist die Verwendung von „Robo-Advisors". Diese automatisierten Finanzberater nutzen KI, um personalisierte Finanzberatung zu bieten, die auf den individuellen Bedürfnissen und Zielen des Kunden basiert. Sie analysieren finanzielle Daten, bieten Anlageempfehlungen und verwalten Portfolios ohne menschliches Eingreifen. Der Vorteil? Günstigere, schnellere und effizientere Dienstleistungen für den Kunden.

In der Zukunft werden wir auch zunehmend mit KI-Systemen konfrontiert werden, die in der Lage sind, Betrugsversuche schneller zu erkennen und Finanztransaktionen automatisch abzusichern. Dies wird zu einer erhöhten Sicherheit und einem besseren Schutz unserer persönlichen Daten führen.

5. KI in der Werbung

Künstliche Intelligenz hat die Art und Weise, wie Werbung betrieben wird, revolutioniert. Dank fortschrittlicher Datenanalyse und maschinellem Lernen können Werbetreibende jetzt genau vorhersagen, welche Art von Werbung auf welcher Plattform und zu welchem Zeitpunkt am effektivsten ist.

Social-Media-Plattformen wie Facebook, Instagram und TikTok nutzen KI, um personalisierte Werbung an die Nutzer zu richten. Basierend auf dem Verhalten der Nutzer (Klicks, Likes, Kommentare und sogar die Art und Weise, wie sie Inhalte konsumieren) werden gezielte Anzeigen geschaltet, die mit hoher Wahrscheinlichkeit auf Interesse stoßen. Diese Form der Werbung ist nicht nur effektiver, sondern auch kostengünstiger, da sie eine genauere Zielgruppenansprache ermöglicht.

In Zukunft wird die KI nicht nur die Werbung noch gezielter und personalisierter machen, sondern auch interaktive und dynamische Werbeformate ermöglichen, die sich in Echtzeit an das Verhalten der Nutzer anpassen.

Fazit dieses Abschnitts

Künstliche Intelligenz hat bereits heute einen großen Einfluss auf unseren Alltag, und diese Veränderungen werden in den kommenden Jahren nur noch größer werden. Vom Smart Home über personalisierte Empfehlungen bis hin zu Finanz- und Werbeanwendungen – KI ist überall. Doch dies ist nur der Anfang. In den nächsten Kapiteln werden wir uns anschauen, wie KI auch in anderen Bereichen wie der Arbeit, der Gesundheitsversorgung und der Mobilität unsere Zukunft gestalten wird.

KAPITEL 4: KI IN DER ARBEITSWELT

Die Auswirkungen von Künstlicher Intelligenz auf die Arbeitswelt sind sowohl spannend als auch herausfordernd. KI wird nicht nur bestehende Prozesse automatisieren und effizienter gestalten, sondern sie wird auch völlig neue Arbeitsfelder schaffen und bestehende Berufsbilder transformieren. Schon heute finden wir KI-basierte Systeme in vielen Industrien und Unternehmen, die Aufgaben übernehmen, die früher Menschen vorbehalten waren. Aber wie wird sich die Arbeitswelt konkret verändern, wenn KI in den kommenden Jahren immer leistungsfähiger wird?

In diesem Kapitel werfen wir einen genaueren Blick auf die verschiedenen Einsatzmöglichkeiten von KI in der Arbeitswelt und untersuchen, wie sie das Arbeitsumfeld revolutionieren könnte.

1. Automatisierung in der Industrie

In der Industrie ist die Automatisierung von Produktionsprozessen durch Künstliche Intelligenz ein immer bedeutenderes Thema. Roboter und Maschinen, die mit KI ausgestattet sind, übernehmen Aufgaben, die zuvor manuell ausgeführt wurden. Dies reicht von der Fertigung in Autos bis hin zu Prozessen in der Lebensmittelindustrie. Diese Roboter sind in der Lage, Präzisionsaufgaben auszuführen, die für Menschen schwierig oder gefährlich wären. Sie können rund um die Uhr arbeiten, was die Effizienz und Produktionskapazität steigert.

Ein gutes Beispiel sind selbstfahrende Transportroboter, die in großen Lagerhäusern wie denen von Amazon verwendet werden. Diese Roboter können Waren von einem Regal zum anderen transportieren, ohne menschliches Eingreifen. Ebenso finden wir in der Automobilindustrie Roboter, die Schweißarbeiten, Lackierungen und Montageaufgaben übernehmen. Der Vorteil von KI-gesteuerten Maschinen liegt nicht nur in der Geschwindigkeit und Präzision, sondern auch in der Fähigkeit, sich selbst zu optimieren und Probleme frühzeitig zu erkennen, bevor sie zu Produktionsfehlern führen.

Trotz dieser Automatisierung bleibt jedoch die Frage bestehen, wie viele Arbeitsplätze durch diese Maschinen ersetzt werden. Einige Jobs, vor allem in der Fertigung, werden durch Roboter überflüssig, während gleichzeitig neue, spezialisierte Aufgaben entstehen, etwa in der Wartung und Programmierung dieser Maschinen. Die Herausforderung für die Arbeitswelt wird darin bestehen, diese Übergänge zu managen und Arbeitskräfte umzuschulen, um die potenziellen Arbeitsplatzverluste abzufedern.

2. KI in Büros und bei der Arbeit mit Daten

Die Büroarbeit hat sich mit dem Aufkommen von Künstlicher Intelligenz ebenfalls stark verändert. Besonders in Bereichen wie Datenanalyse, Finanzplanung und Personalwesen spielt KI eine immer größere Rolle. Ein Beispiel hierfür sind Programme, die Finanzdaten analysieren und auf Basis dieser Daten fundierte Empfehlungen zur Investition oder Kostenoptimierung aussprechen. Solche Systeme sind in der Lage, innerhalb von Sekunden tausende von Datensätzen zu verarbeiten und Muster zu erkennen, die für den Menschen unsichtbar wären.

Im Personalwesen wird KI dazu verwendet, Bewerbungen zu screenen und die am besten geeigneten Kandidaten für eine Position auszuwählen. Algorithmen analysieren dabei die

Lebensläufe und Matching-Kriterien und schlagen vor, wer am besten in das Unternehmensumfeld passt. Dies spart Zeit und Aufwand bei der Rekrutierung und reduziert mögliche menschliche Vorurteile bei der Auswahl von Bewerbern.

Künstliche Intelligenz wird auch immer mehr in der Kundenbetreuung eingesetzt. Chatbots, die auf KI basieren, sind in der Lage, einfache Kundenanfragen zu beantworten und sogar komplexe Probleme zu lösen, ohne dass ein menschlicher Mitarbeiter eingeschaltet werden muss. Diese Systeme sind rund um die Uhr verfügbar und helfen Unternehmen dabei, ihre Servicequalität zu verbessern und gleichzeitig Kosten zu sparen.

3. Auswirkungen auf Arbeitsplätze der Zukunft

Die Frage, die sich viele stellen, ist, wie KI den Arbeitsmarkt insgesamt beeinflussen wird. Einerseits gibt es die Befürchtung, dass durch die Automatisierung viele Arbeitsplätze verloren gehen könnten. Andererseits sehen Experten auch, dass KI neue Berufsfelder schaffen wird, die sich auf die Entwicklung, Pflege und Verwaltung dieser Technologien konzentrieren.

Ein Beispiel für einen neuen Berufszweig ist der Bereich der Datenwissenschaft. Da Unternehmen immer mehr auf KI und maschinelles Lernen angewiesen sind, um fundierte Entscheidungen zu treffen, steigt der Bedarf an Fachleuten, die Daten sammeln, analysieren und interpretieren können. Hierzu gehören Datenanalysten, Datenwissenschaftler, maschinelle Lernexperten und KI-Entwickler.

Zudem werden Berufe entstehen, die sich mit der Überwachung und Optimierung von KI-Systemen befassen. Dies könnte die Entwicklung von Software beinhalten, die KI-Systeme kontinuierlich auf Fehler oder unvorhergesehene Ergebnisse überprüft, oder auch ethische Berater, die sicherstellen, dass KI-Systeme fair und transparent arbeiten.

Es wird immer wichtiger werden, dass Arbeitnehmer die Fähigkeit zur kontinuierlichen Weiterbildung und Anpassung an neue Technologien besitzen. Während einfache, repetitive Tätigkeiten zunehmend von Maschinen übernommen werden, bleibt für den Menschen weiterhin der Bedarf an kreativen und interaktiven Aufgaben bestehen, die ein hohes Maß an emotionaler Intelligenz und komplexem Problemlösungsvermögen erfordern.

4. KI und die Veränderung der Arbeitsumgebung

Künstliche Intelligenz verändert nicht nur die Aufgaben, die wir im Arbeitsalltag erledigen, sondern auch, wie und wo wir arbeiten. Die Einführung von Homeoffice, flexiblen Arbeitszeiten und digitalen Kollaborationstools wurde durch KI-Technologien wie virtuelle Konferenzplattformen und Cloud-basierte Systeme ermöglicht. Die Automatisierung von Aufgaben und der Einsatz von KI, um Geschäftsprozesse effizienter zu gestalten, wird auch dazu beitragen, dass viele Unternehmen ihre Arbeitsweise optimieren können.

In einer Zukunft, in der viele Aufgaben durch KI übernommen werden, wird der Mensch vermehrt in eine beratende und überwachende Rolle treten, wobei der Fokus auf der kreativen Problemlösung und Entscheidungsfindung liegt. Es ist zu erwarten, dass Unternehmen zunehmend hybride Arbeitsmodelle etablieren, bei denen Mitarbeiter sowohl vor Ort als auch remote arbeiten können, wobei KI-gestützte Tools als Unterstützung dienen.

5. Herausforderungen und Chancen der KI für den Arbeitsmarkt

Die Einführung von KI wird ohne Zweifel sowohl Herausforderungen als auch Chancen mit sich bringen.

Ein zentrales Thema ist die Umstellung der Arbeitskräfte. Während technologische Innovationen neue Jobs schaffen, müssen Arbeitnehmer in der Lage sein, sich an die neuen Anforderungen anzupassen. Weiterbildungsprogramme und Umschulungsmaßnahmen werden entscheidend sein, um sicherzustellen, dass Menschen die Fähigkeiten erlernen, die in einer zunehmend automatisierten und technologiegetriebenen Welt gefragt sind.

Zudem stellt sich die Frage, wie Unternehmen sicherstellen können, dass KI-Systeme transparent und gerecht arbeiten. Wie können sie verhindern, dass Vorurteile in den Algorithmen entstehen, die zu Diskriminierung führen könnten? Das Thema ethische KI wird daher in der Arbeitswelt von morgen eine zentrale Rolle spielen.

Fazit dieses Abschnitts

Künstliche Intelligenz wird die Arbeitswelt sowohl auf positive als auch auf herausfordernde Weise verändern. Während viele repetitive Aufgaben automatisiert und die Effizienz gesteigert wird, entstehen auch neue Berufsfelder, die spezielles Wissen in der KI-Entwicklung, Datenanalyse und Systemüberwachung erfordern. Um diese Veränderungen zu bewältigen, wird es entscheidend sein, dass Arbeitnehmer sich weiterbilden und neue Fähigkeiten erwerben, die auf die Bedürfnisse einer zunehmend technologiegetriebenen Welt abgestimmt sind.

In den kommenden Jahren werden Unternehmen weiterhin auf KI setzen, um ihre Wettbewerbsfähigkeit zu steigern. Die Herausforderung für Gesellschaften weltweit wird darin bestehen, sicherzustellen, dass der Übergang zu einer KI-gesteuerten Arbeitswelt fair und sozial verträglich gestaltet wird.

KAPITEL 5: KÜNSTLICHE INTELLIGENZ IN DER MOBILITÄT UND IM VERKEHR

Die Mobilitätsbranche steht vor einer der größten Transformationen ihrer Geschichte, und Künstliche Intelligenz spielt dabei eine Schlüsselrolle. Vom autonomen Fahren bis zur Verkehrssteuerung – KI wird die Art und Weise, wie wir uns fortbewegen, grundlegend verändern. Diese Veränderungen haben nicht nur Auswirkungen auf den Verkehr, sondern auch auf die Infrastruktur, den Energieverbrauch und das Umweltbewusstsein.

In diesem Kapitel werfen wir einen Blick darauf, wie KI den Verkehr revolutioniert und welche Auswirkungen dies auf unsere Städte, unseren Alltag und die Umwelt haben könnte.

1. Autonomes Fahren: Der Traum vom selbstfahrenden Auto

Autonomes Fahren ist wahrscheinlich die bekannteste und faszinierendste Anwendung von Künstlicher Intelligenz im Bereich der Mobilität. Selbstfahrende Autos, die ohne menschliches Eingreifen auskommen, sind inzwischen keine bloße Zukunftsvision mehr, sondern befinden sich in verschiedenen Entwicklungsstadien. Viele Unternehmen, darunter Tesla, Google (mit seiner Tochtergesellschaft Waymo) und Uber, arbeiten intensiv an der Entwicklung von Fahrzeugen, die auf KI basieren und den Fahrer vollständig ersetzen können.

Die Technologie hinter autonomen Fahrzeugen ist eine Kombination aus maschinellem Lernen, Computer Vision und Sensoren. Diese Fahrzeuge nutzen Kameras, Radar, Lidar und andere Sensoren, um ihre Umgebung zu scannen, Hindernisse zu erkennen und auf wechselnde Verkehrsbedingungen zu reagieren. KI-Algorithmen sind dafür verantwortlich, dass das Fahrzeug kontinuierlich lernt, die besten Entscheidungen zu treffen – etwa bei der Routenplanung, dem Abbremsen oder der Geschwindigkeitsanpassung.

Einer der größten Vorteile von autonomen Fahrzeugen ist, dass sie potenziell viel sicherer sind als menschliche Fahrer. Da KI-Systeme nicht unter Müdigkeit oder Ablenkung leiden, könnten Unfälle, die durch menschliches Versagen verursacht werden, drastisch reduziert werden. Studien zeigen, dass die Mehrheit der Verkehrsunfälle auf menschliches Fehlverhalten zurückzuführen ist. Autonome Autos könnten hier eine echte Lösung bieten.

Darüber hinaus könnten selbstfahrende Fahrzeuge den Verkehrsfluss optimieren und Staus reduzieren, da sie miteinander kommunizieren und die beste Route basierend auf Echtzeit-Verkehrsdaten wählen könnten. Auch der CO_2-Ausstoß könnte durch eine effizientere Fahrweise und die Integration mit umweltfreundlicheren Energiequellen wie Elektrofahrzeugen gesenkt werden.

2. KI in der Verkehrssteuerung und Stadtplanung

Ein weiterer Bereich, in dem KI eine transformative Rolle spielt, ist die Verkehrssteuerung und Stadtplanung. In vielen Großstädten leiden die Menschen unter Staus, langen Pendelzeiten und ineffizienter Verkehrsinfrastruktur. Künstliche Intelligenz bietet Lösungen, um diese Herausforderungen zu überwinden.

Moderne Verkehrsmanagementsysteme, die auf KI basieren, können den Verkehr in Echtzeit analysieren und die Ampelschaltungen dynamisch anpassen. Sie berücksichtigen dabei Verkehrsdichte, Wetterbedingungen und sogar große Ereignisse wie Konzerte oder Sportveranstaltungen, die zu einem Anstieg des Verkehrsaufkommens führen können. Diese Systeme sind in der Lage, den Verkehr effizient zu lenken und Engpässe zu vermeiden.

Darüber hinaus kann KI auch bei der Planung neuer Städte und Infrastrukturprojekte eine wichtige Rolle spielen. Durch die Analyse von Daten, die durch Sensoren und Kameras gesammelt werden, können Städte präzise Vorhersagen darüber treffen, wie sich der Verkehr entwickeln wird und wo die größte Nachfrage nach öffentlichen Verkehrsmitteln oder Parkplätzen besteht. So können Ressourcen effizienter verteilt und städtische Räume besser genutzt werden.

Ein weiterer Vorteil von KI-gesteuerten Verkehrssystemen ist, dass sie die Nutzung von öffentlichen Verkehrsmitteln fördern können. Durch intelligente Routenplanung und die Möglichkeit, den Verkehr in Echtzeit anzupassen, könnten Menschen ermutigt werden, häufiger auf Busse, Züge oder Carsharing-Dienste umzusteigen, was zu einer Verringerung des Individualverkehrs und damit zu weniger Staus und geringeren Emissionen führen würde.

3. Elektromobilität und KI: Die perfekte Kombination für die Zukunft

Ein wesentlicher Trend in der Mobilität der Zukunft ist die verstärkte Nutzung von Elektromobilität. Elektrofahrzeuge (EVs) sind nicht nur umweltfreundlicher als traditionelle Benzin- oder Dieselautos, sondern können auch in Kombination mit Künstlicher Intelligenz eine neue Dimension der Mobilität erreichen.

Die Kombination von Elektromobilität und KI wird es ermöglichen, den Energieverbrauch von Fahrzeugen besser zu steuern und die Reichweite von Elektrofahrzeugen zu optimieren. KI-basierte Systeme können beispielsweise den Energieverbrauch in Echtzeit überwachen und die Batterieleistung effizienter nutzen, indem sie vorausschauend die Strecke und das Terrain berücksichtigen. Diese Systeme können das Fahrverhalten der Nutzer analysieren und Vorschläge machen, wie die Reichweite verlängert werden kann.

Darüber hinaus wird KI dazu beitragen, die Ladeinfrastruktur für Elektrofahrzeuge weiter auszubauen und zu optimieren. Smart Charging-Lösungen, bei denen Elektrofahrzeuge zur besten Zeit und am besten geeigneten Ort aufgeladen werden, um das Netz zu entlasten, könnten durch KI noch effizienter gestaltet werden. Elektrofahrzeuge könnten auch zu einer Art "Energiespeicher" werden, der Strom zurück ins Netz speist, wenn dies notwendig ist – ein Konzept, das als "Vehicle-to-Grid" bekannt ist.

4. KI in der Luft- und Schifffahrt: Der Himmel und das Meer

Neben dem Straßenverkehr wird KI auch in der Luftfahrt und Schifffahrt zunehmend eingesetzt. In der Luftfahrtbranche könnte Künstliche Intelligenz dazu beitragen, die Sicherheit und Effizienz von Flugzeugen zu verbessern. KI-gesteuerte Systeme könnten die Wartung von Flugzeugen optimieren, indem sie frühzeitig Anomalien in den Maschinen erkennen und die Wartung entsprechend planen. Auch in der Navigation und Flugplanung könnte KI dazu beitragen, den Treibstoffverbrauch zu optimieren und Flugrouten effizienter zu gestalten.

In der Schifffahrt wird KI ebenfalls zunehmend genutzt, um die Navigation und Logistik zu verbessern. Autonome Frachtschiffe könnten in naher Zukunft dazu beitragen, den internationalen Handel effizienter und umweltfreundlicher zu gestalten. Schon heute werden in der Schifffahrt KI-gestützte Systeme eingesetzt, die Schiffe durch die komplexen Verkehrsströme der Meere steuern und so die Gefahr von Kollisionen und Unfällen minimieren.

5. Herausforderungen und Chancen für die Mobilität

Obwohl die Vorteile von KI im Bereich der Mobilität offensichtlich sind, gibt es auch Herausforderungen, die mit der Integration dieser Technologien verbunden sind. Eine der größten Sorgen ist die Sicherheit autonomer Fahrzeuge. Selbstfahrende Autos müssen in der Lage sein, auch in komplexen und unvorhersehbaren Verkehrssituationen richtig zu reagieren. Es wird viel Forschung und Entwicklung erforderlich sein, um sicherzustellen, dass autonome Fahrzeuge in allen Szenarien sicher agieren.

Ein weiteres Problem ist die Datensicherheit. Fahrzeuge und Verkehrssysteme, die mit KI ausgestattet sind, sammeln eine enorme Menge an Daten über Fahrer, Passagiere und den Verkehr. Diese Daten müssen sicher gespeichert und verarbeitet werden, um Missbrauch oder Hackerangriffe zu verhindern.

Trotz dieser Herausforderungen bieten sich jedoch enorme Chancen, insbesondere in Bezug auf die Nachhaltigkeit. Autonome Elektrofahrzeuge und intelligente Verkehrssysteme könnten dazu beitragen, den CO_2-Ausstoß erheblich zu reduzieren, die Luftqualität zu verbessern und den Verkehr effizienter zu gestalten.

Fazit dieses Abschnitts

Künstliche Intelligenz wird in der Mobilität der Zukunft eine zentrale Rolle spielen. Vom autonomen Fahren über intelligente Verkehrssteuerung bis hin zu Elektromobilität und der Schifffahrt – KI wird unsere Art der Fortbewegung revolutionieren. Diese Veränderungen bieten nicht nur neue Chancen für eine umweltfreundlichere und effizientere Mobilität, sondern stellen uns auch vor Herausforderungen in Bezug auf Sicherheit, Datenschutz und Infrastruktur. Dennoch bleibt die Vision einer intelligenten, vernetzten und nachhaltigen Mobilität eine der spannendsten Entwicklungen der kommenden Jahre.

KAPITEL 6: KÜNSTLICHE INTELLIGENZ IN DER GESUNDHEITSVERSOR GUNG

Die Gesundheitsbranche ist ein weiteres Feld, das von der Künstlichen Intelligenz revolutioniert wird. Von der Diagnose und Behandlung von Krankheiten bis hin zur Verwaltung von Patientendaten und der Optimierung von Prozessen in Krankenhäusern und Kliniken – KI wird zunehmend zu einem unverzichtbaren Werkzeug in der Medizin. Der potenzielle Nutzen von Künstlicher Intelligenz im Gesundheitswesen ist enorm: Sie könnte die Qualität der Versorgung verbessern, die Behandlungskosten senken und die Effizienz des Gesundheitssystems steigern.

In diesem Kapitel beleuchten wir, wie KI die medizinische Praxis verändert, welche Chancen sie für die Patientenversorgung bietet und welche Herausforderungen mit ihrer Einführung verbunden sind.

1. KI in der Diagnose: Früherkennung von Krankheiten

Eine der beeindruckendsten Anwendungen von Künstlicher Intelligenz im Gesundheitswesen ist die Diagnose von Krankheiten. Moderne KI-Systeme sind in der Lage, große Mengen an medizinischen Daten zu analysieren und Muster zu erkennen, die für den Menschen möglicherweise schwer zu identifizieren sind. Besonders in Bereichen wie der Bilddiagnostik, etwa bei der Analyse von Röntgenbildern, CT-Scans oder MRT-Aufnahmen, zeigt KI ihr Potenzial.

Ein Beispiel dafür ist der Einsatz von KI in der Krebsdiagnose. KI-Algorithmen können dazu beitragen, Tumore in frühen Stadien zu erkennen, oft noch bevor sie mit herkömmlichen Methoden entdeckt werden. In mehreren Studien hat sich gezeigt, dass KI-Systeme in der Lage sind, Hautkrebs, Brustkrebs und andere Krebsarten mit einer hohen Genauigkeit zu identifizieren. Diese Technologie könnte die Früherkennung und damit die Überlebenschancen von Patienten erheblich verbessern.

KI wird auch eingesetzt, um medizinische Fehler zu minimieren, die durch menschliche Unachtsamkeit oder Überlastung entstehen können. So kann die KI Ärzten helfen, ihre Diagnosen zu verifizieren, indem sie zusätzliche Daten und aktuelle Forschungsergebnisse einbezieht, die dem behandelnden Arzt möglicherweise nicht bekannt sind.

2. Personalisierte Medizin: Behandlungen maßgeschneidert auf den Patienten

Die Zukunft der Medizin liegt zunehmend in der Personalisierung. Dank Künstlicher Intelligenz können Behandlungen und Medikamente noch gezielter auf die Bedürfnisse eines einzelnen Patienten abgestimmt werden. Dies wird als personalisierte Medizin bezeichnet, die den jeweiligen genetischen, biologischen und umweltbedingten Faktoren des Patienten Rechnung trägt.

KI-Algorithmen können helfen, die beste Therapie für einen Patienten zu bestimmen, indem sie Millionen von

Datensätzen analysieren, darunter genetische Informationen, medizinische Historien und Behandlungsverläufe. Dies hat das Potenzial, die Wirksamkeit von Behandlungen zu erhöhen und Nebenwirkungen zu minimieren.

Ein besonders spannendes Beispiel ist die Entwicklung von KI-gesteuerten Medikamenten, die speziell auf die genetische Veranlagung eines Patienten abgestimmt sind. Diese Medikamente könnten in Zukunft helfen, Krankheiten wie Krebs, Alzheimer oder seltene genetische Erkrankungen besser zu behandeln oder sogar zu heilen.

3. KI-gestützte Roboterchirurgie

Die Robotik hat bereits in vielen Bereichen der Medizin Einzug gehalten, und mit Künstlicher Intelligenz wird sie noch präziser und effizienter. KI-gesteuerte Roboterchirurgen sind in der Lage, chirurgische Eingriffe mit einer Genauigkeit durchzuführen, die weit über das hinausgeht, was menschliche Hände leisten können. Diese Systeme nutzen fortschrittliche Bildgebungstechnologien und maschinelles Lernen, um den Chirurgen bei der Planung und Durchführung von Operationen zu unterstützen.

Ein bemerkenswertes Beispiel ist das **da Vinci Surgical System**, ein Robotersystem, das es Chirurgen ermöglicht, minimal-invasive Eingriffe mit hoher Präzision durchzuführen. KI hilft dabei, die Operation zu steuern und den Chirurgen während des Eingriffs zu beraten, wodurch die Genauigkeit und Sicherheit der Verfahren erhöht wird.

Langfristig könnten solche Roboterchirurgen in der Lage sein, Operationen völlig autonom durchzuführen, was den Zugang zu medizinischer Versorgung, insbesondere in abgelegenen Gebieten oder unterversorgten Regionen, verbessern könnte.

4. KI in der Verwaltung und Patientenversorgung

Nicht nur in der Diagnose und Behandlung von Krankheiten wird KI eingesetzt, sondern auch in der Verwaltung von Krankenhäusern und Gesundheitseinrichtungen. KI-gestützte Systeme können dazu beitragen, den Verwaltungsaufwand zu verringern, indem sie Aufgaben wie die Terminplanung, die Verwaltung von Patientendaten und die Bearbeitung von Versicherungstransaktionen übernehmen.

Ein weiteres wichtiges Anwendungsgebiet ist das Patientenmanagement. KI kann dazu verwendet werden, Patienten effizienter zu überwachen, insbesondere in Bereichen wie der Intensivmedizin, der Notfallversorgung oder bei chronischen Krankheiten. Mit Hilfe von Wearables, die kontinuierlich Vitaldaten wie Blutdruck, Blutzucker und Herzfrequenz überwachen, kann KI Ärzte und Pflegepersonal in Echtzeit informieren, wenn der Zustand eines Patienten kritisch wird.

Die Verwendung von KI zur Verwaltung von Patientenströmen in Notaufnahmen oder Intensivstationen könnte auch dazu beitragen, Wartezeiten zu verkürzen und die Ressourcen im Krankenhaus effizienter zu nutzen. KI-Systeme könnten in Echtzeit prognostizieren, wann Patienten mit bestimmten Symptomen voraussichtlich behandelt werden müssen, und so die Planung optimieren.

5. KI im Gesundheitsmanagement und in der Prävention

Neben der Behandlung und Diagnose spielt KI eine zunehmend wichtige Rolle im Bereich der **Gesundheitsprävention**. KI-gestützte Apps und Wearables können Nutzern helfen, ihre

Gesundheit proaktiv zu überwachen und frühzeitig auf mögliche gesundheitliche Risiken hinzuweisen. So können beispielsweise personalisierte Empfehlungen zur Ernährung, Bewegung oder Stressbewältigung basierend auf den individuellen Gesundheitsdaten des Nutzers gegeben werden.

Ein Beispiel sind intelligente Fitnessgeräte, die mit KI arbeiten, um das Training auf den Gesundheitszustand des Nutzers abzustimmen und Fortschritte zu verfolgen. Sie können auch dabei helfen, Anzeichen von Erkrankungen wie Herzproblemen oder Diabetes frühzeitig zu erkennen und den Nutzer rechtzeitig auf potenzielle Risiken aufmerksam zu machen.

Zusätzlich könnten KI-Systeme die Gesundheitsdaten aus verschiedenen Quellen aggregieren – wie zum Beispiel von Ärzten, Krankenhäusern, Versicherungen und Wearables – und damit eine umfassende Gesundheitsakte erstellen. Dies würde es Ärzten ermöglichen, die Gesundheitsgeschichte eines Patienten schneller und genauer zu verstehen und maßgeschneiderte Empfehlungen zu geben.

6. Herausforderungen und ethische Fragen

Trotz der vielen Vorteile gibt es auch Herausforderungen und ethische Fragen, die mit der Nutzung von KI im Gesundheitswesen verbunden sind. Eine der größten Bedenken ist die Datensicherheit. Gesundheitsdaten sind besonders sensibel, und die Verwendung von KI erfordert den Zugriff auf riesige Mengen an persönlichen und medizinischen Informationen. Es muss sichergestellt werden, dass diese Daten sicher gespeichert und verarbeitet werden, um Datenschutzverletzungen und Missbrauch zu vermeiden.

Ein weiteres ethisches Problem ist die Verantwortlichkeit. Wenn ein KI-System eine falsche Diagnose stellt oder ein Fehler in einer Behandlung auftritt, stellt sich die Frage, wer dafür verantwortlich ist – der Arzt, der das System eingesetzt hat, oder

der Entwickler der KI?

Auch der Zugang zu KI-gestützter Gesundheitsversorgung könnte ungleich verteilt sein. In vielen Teilen der Welt fehlt es an Infrastruktur und Ressourcen, um von den Vorteilen dieser Technologien zu profitieren. Es besteht die Gefahr, dass KI die Kluft zwischen gut versorgten und unterversorgten Regionen noch vergrößert.

Fazit dieses Abschnitts

Künstliche Intelligenz hat das Potenzial, die Gesundheitsversorgung grundlegend zu verbessern, indem sie genauere Diagnosen ermöglicht, personalisierte Behandlungen unterstützt und die Effizienz von Krankenhaus- und Arztpraxen steigert. Dennoch gibt es auch Herausforderungen, insbesondere in den Bereichen Datenschutz, ethische Verantwortung und Zugang zu Technologien. Die richtige Balance zwischen Innovation und verantwortungsvollem Umgang mit Daten und Technologien wird entscheidend sein, um das volle Potenzial von KI in der Medizin auszuschöpfen.

KAPITEL 7: KÜNSTLICHE INTELLIGENZ IN DER BILDUNG

Die Bildungsbranche steht vor einer tiefgreifenden Transformation, die durch den Einsatz von Künstlicher Intelligenz beschleunigt wird. KI hat das Potenzial, die Art und Weise, wie wir lernen und lehren, zu revolutionieren, indem sie personalisierte Lernerfahrungen ermöglicht, Lehrmethoden verbessert und die Effizienz von Bildungseinrichtungen steigert. Von der frühen Kindheit bis hin zu lebenslangem Lernen wird Künstliche Intelligenz die Bildung nachhaltig beeinflussen und zugänglicher sowie individueller gestalten.

In diesem Kapitel untersuchen wir, wie KI das Bildungssystem verändern könnte und welche Chancen sowie Herausforderungen mit ihrer Einführung verbunden sind.

1. Personalisiertes Lernen: KI als individueller Tutor

Eine der bemerkenswertesten Möglichkeiten, wie KI die Bildung verändern wird, ist die Einführung des **personalisierten Lernens**. Jedes Kind und jeder Erwachsene hat individuelle Lernbedürfnisse, die auf seine Stärken, Schwächen und Lerngeschwindigkeit abgestimmt sind. Traditionelle Unterrichtsmethoden können diese Vielfalt oft nicht vollständig abdecken, da sie auf einem standardisierten Lehrplan basieren.

Mit Künstlicher Intelligenz ist es möglich, maßgeschneiderte Lernpläne zu erstellen, die sich an den Fortschritten und Bedürfnissen jedes einzelnen Lernenden orientieren. KI-gestützte Lernplattformen und -tools sind in der Lage, die Lerngewohnheiten der Schüler zu analysieren, ihre Fortschritte in Echtzeit zu überwachen und gezielt Inhalte anzupassen, die ihnen helfen, ihre Schwächen zu überwinden.

Ein Beispiel für personalisiertes Lernen ist die Nutzung von **intelligenten Tutor-Systemen**, die Schüler bei schwierigen Aufgaben unterstützen und sie mit maßgeschneiderten Übungen und Erklärungen versorgen. Solche Systeme können auf einer Vielzahl von Themenbereichen eingesetzt werden, von Mathematik und Naturwissenschaften bis hin zu Sprachen und Kunst. Sie bieten den Lernenden sofortiges Feedback und schaffen eine interaktive und individuelle Lernerfahrung.

KI kann auch dazu beitragen, den Lernfortschritt zu beschleunigen, indem sie den Lernenden hilft, schneller zu verstehen und Fehler zu korrigieren. Für Lehrer bietet dies die Möglichkeit, sich mehr auf die Förderung der Kreativität und das kritische Denken der Schüler zu konzentrieren, anstatt sie mit der Bewertung und Verwaltung von Aufgaben und Tests zu überlasten.

2. KI-gestützte Bildungsplattformen und Online-Kurse

Der Einsatz von Künstlicher Intelligenz hat auch das Online-Lernen revolutioniert. KI-gestützte Bildungsplattformen bieten Lernenden aus der ganzen Welt Zugang zu hochwertigen Bildungsressourcen und ermöglichen es ihnen, in ihrem eigenen Tempo zu lernen. Die Plattformen analysieren die Interaktionen der Nutzer und empfehlen maßgeschneiderte Lerninhalte, die auf den individuellen Interessen und Fähigkeiten basieren.

Massive Open Online Courses (MOOCs) wie Coursera, edX und Udacity verwenden bereits KI, um ihre Kurse zu personalisieren und den Lernprozess zu verbessern. Sie nutzen Algorithmen, die den Fortschritt der Studierenden verfolgen und ihnen bei Bedarf zusätzliche Ressourcen oder Übungen anbieten. Außerdem können KI-Tools automatisch die Aufgaben der Studierenden bewerten, was den Lehrkräften mehr Zeit für die individuelle Betreuung gibt.

Ein weiterer Vorteil von KI-gesteuertem Online-Lernen ist, dass es den Zugang zur Bildung weltweit verbessert. Besonders in Entwicklungsländern, in denen es an Ressourcen und qualifizierten Lehrkräften mangelt, könnte KI dazu beitragen, qualitativ hochwertigen Unterricht bereitzustellen und so die Bildungsbarrieren zu überwinden.

3. Automatisierte Bewertungs- und Feedbacksysteme

Künstliche Intelligenz kann auch den Bewertungsprozess in der Bildung vereinfachen und verbessern. Traditionell benötigen Lehrer viel Zeit und Mühe, um Tests und Hausarbeiten zu korrigieren und Feedback zu geben. KI kann diesen Prozess automatisieren, indem sie Aufgaben schnell und objektiv bewertet und den Schülern sofortiges, konstruktives Feedback gibt.

Beispielsweise können KI-gestützte Systeme Multiple-Choice-Fragen, Essays oder sogar Programmieraufgaben bewerten und dabei die Qualität der Antworten analysieren. Solche Systeme sind in der Lage, Fehler zu erkennen, Lösungen vorzuschlagen und den Schülern genau zu sagen, an welcher Stelle sie ihre Antwort verbessern können.

Für Lehrer bedeutet dies eine Entlastung, da sie sich nicht

mehr um die mühsame Korrektur von Aufgaben kümmern müssen, sondern mehr Zeit für die individuelle Betreuung und die Förderung von kreativen und kritischen Fähigkeiten der Lernenden haben. Besonders in großen Klassen mit vielen Schülern, wo individuelle Rückmeldungen oft aus Zeitmangel fehlen, kann KI dazu beitragen, das Lernen effektiver und personalisierter zu gestalten.

4. KI in der Lehrerfortbildung und -unterstützung

Künstliche Intelligenz ist nicht nur für Schüler von Nutzen, sondern auch für Lehrer. Sie kann Lehrkräfte bei der Vorbereitung und Durchführung ihres Unterrichts unterstützen, indem sie passende Lehrmaterialien empfiehlt und sogar neue Unterrichtsmethoden vorschlägt. KI-gestützte Analysen von Schülerdaten können Lehrkräften helfen, den Leistungsstand ihrer Schüler zu verstehen und gezielte Maßnahmen zur Förderung von Schülern mit besonderen Bedürfnissen zu ergreifen.

Ein Beispiel dafür ist die Nutzung von KI, um die Stärken und Schwächen von Schülern zu identifizieren. Lehrer können dann gezielt Materialien oder Aktivitäten einsetzen, um den Lernenden zu helfen, die entsprechenden Fähigkeiten zu entwickeln. KI kann auch die Klassenräume optimieren, indem sie den besten Zeitpunkt und die beste Methode für den Unterricht vorschlägt.

Für die Lehrerfortbildung könnte KI dazu beitragen, Lehrkräfte kontinuierlich weiterzubilden, indem sie ihnen Zugang zu maßgeschneiderten Lernressourcen und Trainingsmodulen bietet. Diese können beispielsweise auf die neuesten Entwicklungen in der Pädagogik oder auf spezifische Bedürfnisse der Lehrkraft abgestimmt sein.

5. Die Rolle von KI in der Schuladministration

Neben der Unterstützung des Lehr- und Lernprozesses kann

Künstliche Intelligenz auch die Verwaltung und Organisation von Bildungseinrichtungen effizienter gestalten. KI-gestützte Systeme können dabei helfen, den Zeitplan für Lehrkräfte und Schüler zu verwalten, Ressourcen wie Klassenzimmer oder digitale Tools zu optimieren und die Kommunikation zwischen Schülern, Lehrkräften und Eltern zu verbessern.

Ein Beispiel ist die Automatisierung von Verwaltungsaufgaben wie der Anmeldungen zu Kursen, der Verwaltung von Noten oder der Verteilung von Lehrmaterialien. So können sich Lehrer und Verwaltungspersonal auf wichtigere Aufgaben konzentrieren, während KI die Routinearbeiten übernimmt.

Darüber hinaus kann KI dazu beitragen, die schulischen Leistungen der Schüler besser zu überwachen. Anhand von Analyse-Tools können Bildungsinstitutionen Schwächen im Lernprozess frühzeitig erkennen und Maßnahmen ergreifen, um Schüler zu unterstützen, bevor größere Probleme entstehen.

6. Herausforderungen und ethische Bedenken

Trotz der vielen Chancen, die Künstliche Intelligenz in der Bildung bietet, gibt es auch Herausforderungen und ethische Fragen, die berücksichtigt werden müssen. Eine der größten Bedenken betrifft die Datensicherheit und den Datenschutz. Lernplattformen und KI-Systeme sammeln eine riesige Menge an persönlichen Daten von Schülern, einschließlich ihrer Lerngewohnheiten und -leistungen. Es ist wichtig, dass diese Daten sicher und anonymisiert verarbeitet werden, um Missbrauch und Verletzungen der Privatsphäre zu vermeiden.

Ein weiteres Problem ist die Ungleichheit im Zugang zu KI-gestützten Lernsystemen. Nicht alle Schüler haben Zugang zu den gleichen Technologien, insbesondere in weniger entwickelten Ländern oder in einkommensschwachen Haushalten. Dies könnte zu einer weiteren Kluft in der Bildungsqualität führen.

Zusätzlich müssen ethische Fragen hinsichtlich der

Verantwortung und der Zukunft des Lehrerberufs berücksichtigt werden. Während KI viele administrative und diagnostische Aufgaben übernehmen kann, ist die Frage, wie viel Raum für zwischenmenschliche Interaktionen und für die emotionale und soziale Unterstützung der Schüler bleibt.

Fazit dieses Abschnitts

Künstliche Intelligenz hat das Potenzial, das Bildungssystem erheblich zu verbessern, indem sie personalisierte Lernmöglichkeiten schafft, die Effizienz steigert und den Zugang zur Bildung für viele Menschen weltweit erleichtert. Sie kann den Lehrkräften helfen, ihre Arbeit zu erleichtern und sich stärker auf kreative und individuelle Aspekte des Unterrichts zu konzentrieren. Gleichzeitig bringt die Integration von KI in die Bildung auch Herausforderungen mit sich, wie Datenschutzfragen und den Zugang zu Technologien, die es zu adressieren gilt.

Wenn diese Hürden erfolgreich gemeistert werden, könnte KI einen entscheidenden Beitrag dazu leisten, das Bildungssystem zukunftsfähig zu gestalten und das Lernen noch stärker auf die Bedürfnisse jedes Einzelnen auszurichten.

KAPITEL 8: KÜNSTLICHE INTELLIGENZ IN DER ARBEITSWELT UND WIRTSCHAFT

Die Einführung von Künstlicher Intelligenz in der Arbeitswelt und Wirtschaft stellt eine der tiefgreifendsten Transformationen unserer Zeit dar. KI verändert nicht nur die Art und Weise, wie Unternehmen arbeiten, sondern auch, wie wir arbeiten, welche Berufe existieren und welche Fähigkeiten in der Zukunft gefragt sein werden. Während viele Menschen befürchten, dass KI Arbeitsplätze ersetzen wird, bieten sich auch zahlreiche Chancen, wie KI die Effizienz steigern, neue Arbeitsfelder schaffen und die Wirtschaft insgesamt voranbringen kann.

In diesem Kapitel werden wir die Auswirkungen der Künstlichen Intelligenz auf den Arbeitsmarkt und die Wirtschaft untersuchen, mögliche Herausforderungen analysieren und Chancen aufzeigen, die KI für Unternehmen und Arbeitnehmer bieten kann.

1. Automatisierung von Arbeitsplätzen: Die Angst vor dem Arbeitsplatzverlust

Eine der größten Sorgen im Zusammenhang mit Künstlicher Intelligenz ist die Automatisierung von Arbeitsplätzen. Schon heute wird KI in zahlreichen Bereichen eingesetzt, um Routineaufgaben zu automatisieren und die Effizienz zu steigern. Dies betrifft insbesondere Berufe, die sich durch repetitive Aufgaben auszeichnen, wie etwa in der Fertigung, Lagerlogistik, im Finanzwesen und im Kundenservice.

Beispielsweise nutzen viele Unternehmen bereits Roboter und KI-gestützte Software, um Lagerbestände zu überwachen, Bestellungen zu bearbeiten oder sogar den Kundenservice über Chatbots abzuwickeln. In der Automobilindustrie setzen Unternehmen wie Tesla KI-gesteuerte Roboter ein, um Autos zu montieren, was die Produktionsgeschwindigkeit und -genauigkeit erhöht.

Ein weiteres Beispiel ist die automatisierte Buchhaltung, bei der KI-Software Transaktionen überprüft und Finanzberichte erstellt, was die Notwendigkeit für viele manuelle Eingaben verringert. Ebenso werden in Call-Centern zunehmend Chatbots und Spracherkennungssysteme eingesetzt, um einfache Kundenanfragen zu beantworten, sodass menschliche Mitarbeiter sich auf komplexere Anliegen konzentrieren können.

Während dies zu einer Reduzierung von Arbeitsplätzen in bestimmten Bereichen führen kann, sind andere, weniger automatisierbare Tätigkeiten stärker gefragt – insbesondere solche, die kreative Problemlösungen, menschliche Interaktionen und emotionale Intelligenz erfordern. Der Fokus verschiebt sich zunehmend hin zu Aufgaben, die Maschinen nicht übernehmen können, wie etwa die Entwicklung neuer Ideen, strategische Entscheidungsfindung und soziale Interaktion.

2. Neue Arbeitsfelder und die Bedeutung der Umschulung

Obwohl KI eine Vielzahl von Arbeitsplätzen automatisieren wird, wird sie gleichzeitig auch neue **Berufe** schaffen. In der

Vergangenheit haben technologische Entwicklungen oft zu neuen Branchen und Tätigkeiten geführt, und dies gilt auch für die Künstliche Intelligenz. Die Nachfrage nach Fachkräften, die in der Lage sind, KI-Algorithmen zu entwickeln, zu implementieren und zu überwachen, wird weiter steigen.

Einige neue Berufsfelder, die mit der Einführung von KI verbunden sind, sind:

- **Datenwissenschaftler** und **Maschinenlernen-Ingenieure**, die KI-Systeme entwickeln und trainieren.
- **KI-Ethische Berater**, die sicherstellen, dass KI-Anwendungen verantwortungsvoll und gerecht eingesetzt werden.
- **KI-Trainingsspezialisten**, die dafür verantwortlich sind, KI-Modelle zu trainieren und mit relevanten Daten zu versorgen.
- **Autonome Fahrzeugtechniker** und **Robotik-Programmierer**, die für die Entwicklung und Wartung autonomer Fahrzeuge und Roboter zuständig sind.

Diese neuen Arbeitsfelder erfordern allerdings spezielle Qualifikationen, was die Notwendigkeit für Umschulungsprogramme und lebenslanges Lernen unterstreicht. Die Weiterbildung in den Bereichen Datenanalyse, Programmierung und maschinelles Lernen wird zunehmend entscheidend, um in der zukünftigen Arbeitswelt wettbewerbsfähig zu bleiben.

Regierungen und Unternehmen sind gefragt, geeignete Bildungs- und Trainingsmöglichkeiten anzubieten, um Arbeitskräfte auf die Anforderungen einer zunehmend KI-getriebenen Wirtschaft vorzubereiten. Auch die Förderung von Soft Skills wie Kreativität, Kommunikation und Problemlösungsfähigkeiten wird unerlässlich sein, um sich in einer Arbeitswelt zu behaupten, die zunehmend von Maschinen und Algorithmen unterstützt wird.

3. Die Veränderung von Geschäftsmodellen: KI als Wettbewerbsvorteil

Für Unternehmen bietet Künstliche Intelligenz enorme Potenziale zur Verbesserung von Geschäftsprozessen und zur Schaffung neuer Geschäftsmodelle. Unternehmen, die KI effektiv nutzen, können nicht nur ihre Produktivität steigern, sondern auch innovative Produkte und Dienstleistungen entwickeln, die den Markt revolutionieren.

Ein klassisches Beispiel ist die Automatisierung von Prozessen. Unternehmen wie Amazon und Walmart setzen KI-basierte Lagerverwaltungssysteme ein, um die Effizienz der Lieferketten zu steigern und die Zeit von der Bestellung bis zur Lieferung zu minimieren. Darüber hinaus können KI-gesteuerte Systeme in der Produktentwicklung dabei helfen, maßgeschneiderte Lösungen für Kunden zu entwickeln, indem sie Markttrends und Verbraucherverhalten in Echtzeit analysieren.

Ein weiteres Beispiel ist die personalisierte Werbung, bei der KI-Algorithmen die Vorlieben und das Verhalten von Kunden analysieren, um maßgeschneiderte Anzeigen und Angebote zu erstellen. Dies erhöht nicht nur die Wirksamkeit von Marketingkampagnen, sondern trägt auch zur Kundenzufriedenheit bei.

Darüber hinaus hat KI das Potenzial, neue Geschäftsmodelle zu schaffen, die ohne diese Technologie nicht denkbar wären. Unternehmen im Bereich der Energie, der Gesundheitsversorgung oder der Finanzdienstleistungen nutzen KI, um innovative Produkte anzubieten, die auf die individuellen Bedürfnisse ihrer Kunden abgestimmt sind, sei es durch intelligente Stromnetze, digitale Gesundheitsassistenten oder automatisierte Finanzberatung.

4. KI und die globale Wirtschaft: Chancen und Herausforderungen

Auf globaler Ebene wird Künstliche Intelligenz dazu beitragen, die Wettbewerbsfähigkeit von Ländern und Unternehmen zu steigern. Länder, die frühzeitig in KI investieren und die entsprechende Infrastruktur aufbauen, könnten sich langfristig als wirtschaftliche Führungsmächte etablieren.

China und die USA gehören bereits zu den führenden Nationen im Bereich KI, mit enormen Investitionen in Forschung, Entwicklung und kommerzielle Anwendungen. Diese Länder setzen KI ein, um ihre Industrie zu modernisieren, die nationale Sicherheit zu verbessern und den Wettbewerb auf globaler Ebene zu sichern.

Für andere Länder – insbesondere für Entwicklungsländer – könnte KI sowohl eine Chance als auch eine Herausforderung darstellen. Einerseits bietet KI das Potenzial, den Zugang zu Bildung, Gesundheitsversorgung und Infrastruktur zu verbessern, andererseits kann der ungleiche Zugang zu Technologien dazu führen, dass bestehende wirtschaftliche Ungleichgewichte noch verstärkt werden.

Ein zentrales Thema in der Diskussion um KI und Wirtschaft ist die ethische Verantwortung. Die Verwendung von KI muss so gestaltet werden, dass sie der Gesellschaft als Ganzes zugutekommt. Unternehmen und Regierungen müssen sicherstellen, dass KI auf eine Weise eingesetzt wird, die sowohl ökologisch nachhaltig als auch sozial verantwortlich ist.

5. Künstliche Intelligenz und die Zukunft der Arbeit

Die Frage nach der Zukunft der Arbeit im Zeitalter der KI ist komplex und vielschichtig. Einerseits wird KI viele traditionelle

Arbeitsplätze ersetzen, andererseits wird sie neue Arbeitsfelder schaffen und den Menschen in vielen Bereichen von monotonen und gefährlichen Aufgaben befreien. KI könnte den Arbeitsmarkt effizienter gestalten, indem sie Aufgaben delegiert, die für den Menschen unangenehm oder ineffizient sind, und dem Menschen mehr Raum für kreative und zwischenmenschliche Tätigkeiten lässt.

Die entscheidende Herausforderung wird darin bestehen, sicherzustellen, dass die von der Automatisierung betroffenen Menschen durch Umschulungen und sozialpolitische Maßnahmen unterstützt werden. Gleichzeitig müssen wir dafür sorgen, dass die Vorteile der KI allen zugutekommen und nicht nur einer kleinen Elite von Technologieunternehmen und - nutzern.

Fazit dieses Abschnitts

Die Auswirkungen von Künstlicher Intelligenz auf die Arbeitswelt und Wirtschaft sind tiefgreifend und vielfältig. Während KI die Automatisierung von Arbeitsplätzen vorantreibt, bietet sie auch neue Chancen, sowohl für Arbeitnehmer als auch für Unternehmen. Die richtigen politischen und gesellschaftlichen Maßnahmen sind erforderlich, um sicherzustellen, dass der Übergang in die KI-gestützte Wirtschaft gerecht und inklusiv gestaltet wird. KI hat das Potenzial, die Wirtschaft insgesamt effizienter, innovativer und nachhaltiger zu machen, aber dies erfordert eine sorgfältige Planung und die Förderung von Weiterbildung und Umschulung.

KAPITEL 9: ETHISCHE UND GESELLSCHAFTLICHE HERAUSFORDERUNGE N DER KÜNSTLICHEN INTELLIGENZ

Die Einführung von Künstlicher Intelligenz in nahezu allen Bereichen des Lebens bringt nicht nur technische und wirtschaftliche Chancen, sondern auch eine Vielzahl von ethischen und gesellschaftlichen Herausforderungen mit sich. Diese Fragen betreffen sowohl die Entwicklung von KI-Systemen als auch ihre Anwendung in der Praxis. Wie können wir sicherstellen, dass KI gerecht und verantwortungsvoll eingesetzt wird? Welche moralischen Fragestellungen müssen beachtet werden, wenn Maschinen Entscheidungen treffen, die das Leben von Menschen beeinflussen?

In diesem Kapitel werden wir uns mit den ethischen Herausforderungen und den gesellschaftlichen Auswirkungen von Künstlicher Intelligenz befassen. Wir werden untersuchen, wie wir die Risiken minimieren und die Vorteile von KI auf eine gerechte und nachhaltige Weise nutzen können.

1. Verantwortung und Haftung

Eine der größten ethischen Herausforderungen im Zusammenhang mit Künstlicher Intelligenz betrifft die Verantwortung und Haftung für die Handlungen von KI-Systemen. Wenn ein autonomes Fahrzeug einen Unfall verursacht oder ein KI-gesteuertes System eine falsche medizinische Diagnose stellt, wer ist dann verantwortlich? Ist es der Entwickler der KI, der Betreiber des Systems oder die KI selbst?

Derzeit wird in vielen Fällen davon ausgegangen, dass die Menschen, die die KI entwerfen und betreiben, für ihre Fehler verantwortlich sind. Doch mit der zunehmenden Autonomie von KI-Systemen, die in der Lage sind, eigene Entscheidungen zu treffen, wird es zunehmend schwieriger, klare Verantwortlichkeiten zu definieren.

Eine mögliche Lösung könnte die Einführung eines rechtlichen Rahmens sein, der spezifische Richtlinien für den Einsatz von KI festlegt, insbesondere in Bereichen, in denen Fehlentscheidungen gravierende Folgen haben könnten. Dies betrifft vor allem den Bereich der autonomen Fahrzeuge, der Medizin und auch der Militärtechnik. Hier stellt sich die Frage, wie man KI so steuert, dass sie transparent und nachvollziehbar handelt und wie man sicherstellt, dass die Verantwortlichkeiten im Falle eines Fehlers klar geregelt sind.

2. Bias und Diskriminierung in KI-Systemen

Ein weiteres ernstes ethisches Problem ist die Gefahr von Bias (Verzerrung) und Diskriminierung in KI-Systemen. KI-Algorithmen lernen aus den Daten, die ihnen zur Verfügung gestellt werden. Wenn diese Daten Vorurteile oder Ungleichheiten enthalten, kann die KI diese Muster verstärken und diskriminierende Entscheidungen treffen.

Ein bekanntes Beispiel dafür sind Gesichtserkennungssoftware und Rekrutierungs-Algorithmen, die in der Vergangenheit Rassen- oder Geschlechterbias aufwiesen. Eine KI, die mit einem Datensatz trainiert wurde, der überwiegend weiße Männer umfasst, könnte Probleme haben, genau zwischen verschiedenen ethnischen Gruppen zu unterscheiden oder Frauen in bestimmten Berufen zu benachteiligen.

Dies führt zu der Frage, wie wir sicherstellen können, dass KI-Systeme fair, transparent und gleichberechtigt arbeiten. Ein Lösungsansatz ist, sicherzustellen, dass die Datensätze, mit denen KI-Modelle trainiert werden, divers und repräsentativ für alle Bevölkerungsgruppen sind. Ebenso wichtig ist es, Algorithmen regelmäßig auf Bias zu testen und Maßnahmen zu ergreifen, um etwaige Verzerrungen zu korrigieren.

Zudem müssen Unternehmen und Entwickler, die KI-Systeme designen, sich stärker mit den ethischen Implikationen ihrer Technologien auseinandersetzen und sicherstellen, dass diese keine bestehenden gesellschaftlichen Ungleichheiten verstärken.

3. Datenschutz und Überwachung

Ein weiteres zentrales Thema im Zusammenhang mit KI ist der Datenschutz. KI-Systeme sammeln und analysieren riesige Mengen an Daten, um ihre Aufgaben auszuführen. Dies kann persönliche Informationen von Nutzern betreffen, wie etwa Gesundheitsdaten, Bewegungsprofile oder finanzielle Informationen.

Die Frage, wie diese Daten gesammelt, gespeichert und genutzt werden, ist von entscheidender Bedeutung. Datenschutzgesetze wie die europäische Datenschutz-Grundverordnung (DSGVO) bieten bereits einen rechtlichen Rahmen für den Umgang mit personenbezogenen Daten, aber die Technologie entwickelt sich schneller als die Gesetzgebung.

Es besteht die Gefahr, dass KI-Systeme für Überwachungszwecke missbraucht werden, etwa durch Regierungen oder private

Unternehmen, die versuchen, das Verhalten von Menschen zu überwachen und zu beeinflussen. Dies könnte zu einer Gesellschaft führen, in der unsere Privatsphäre stark eingeschränkt wird und wir ständig überwacht werden.

Um diese Risiken zu minimieren, müssen strenge Datenschutzrichtlinien entwickelt werden, die den Schutz der Privatsphäre der Nutzer gewährleisten und transparent machen, wie ihre Daten verwendet werden. Zudem müssen Technologien entwickelt werden, die den Anonymisierungs- und Verschlüsselungsprozess von Daten verbessern, um die Sicherheit und Integrität der persönlichen Daten zu schützen.

4. Arbeitsplatzverlust und soziale Ungleichheit

Ein weiteres ethisches Thema ist die soziale Ungleichheit, die durch die Einführung von Künstlicher Intelligenz verschärft werden könnte. Während KI dazu beiträgt, die Produktivität zu steigern und die Wirtschaft zu transformieren, besteht die Gefahr, dass bestimmte Bevölkerungsgruppen stärker von Arbeitsplatzverlusten betroffen sind als andere.

Routinejobs in der Produktion, im Kundenservice oder in der Verwaltung sind besonders anfällig für die Automatisierung durch KI. Dies könnte zu einer Verdrängung von Arbeitskräften führen, die möglicherweise nicht die erforderlichen Fähigkeiten für die neu entstehenden, technikorientierten Berufe besitzen.

Es ist daher entscheidend, dass soziale Sicherheitsnetze geschaffen werden, um Menschen, die von der Automatisierung betroffen sind, zu unterstützen. Umschulungsprogramme und lebenslanges Lernen sind notwendig, um den Übergang in neue Berufsfelder zu ermöglichen und die negativen Auswirkungen der KI auf die Arbeitswelt abzufedern. Regierungen und Unternehmen müssen zusammenarbeiten, um eine gerechte Verteilung der Vorteile von KI zu gewährleisten und sicherzustellen, dass niemand zurückgelassen wird.

5. Autonome Waffensysteme und die militärische Nutzung von KI

Ein besonders heikles ethisches Thema ist die militärische Nutzung von KI. Der Einsatz von Künstlicher Intelligenz in autonomen Waffensystemen – etwa Drohnen oder Roboter, die ohne menschliches Eingreifen tödliche Entscheidungen treffen – hat große Bedenken ausgelöst. Diese Waffensysteme könnten, wenn sie schlecht programmiert oder missbraucht werden, zu unkontrollierbaren und völkerrechtswidrigen Handlungen führen.

Es gibt bereits internationale Diskussionen darüber, wie der Einsatz von autonomen Waffensystemen geregelt werden könnte. Organisationen wie das International Committee for Robot Arms Control setzen sich für eine strengere Regulierung und ein Verbot autonomer Waffensysteme ein.

Die ethische Frage, die hier aufgeworfen wird, ist, ob Maschinen das Recht haben, über Leben und Tod zu entscheiden. Einige Experten warnen davor, dass KI-gesteuerte Waffen möglicherweise nicht in der Lage sind, die Komplexität menschlicher Entscheidungen zu verstehen und daher schwerwiegende Fehler begehen könnten. Die Verantwortung für solche Entscheidungen müsste klar geregelt sein.

Fazit dieses Abschnitts

Die ethischen und gesellschaftlichen Herausforderungen der Künstlichen Intelligenz sind vielfältig und komplex. Um sicherzustellen, dass KI verantwortungsvoll eingesetzt wird, müssen Entwickler, Unternehmen und Regierungen klare Richtlinien und Regulierungen entwickeln, die Transparenz,

Fairness und Datenschutz gewährleisten. KI bietet enorme Chancen, aber auch Risiken, die nur durch eine sorgfältige und reflektierte Auseinandersetzung mit den ethischen Implikationen minimiert werden können. Die richtige Balance zwischen Innovation und Verantwortung ist entscheidend, damit KI ein Werkzeug für das Wohl der gesamten Gesellschaft wird.

KAPITEL 10: DIE AUSWIRKUNGEN VON KÜNSTLICHER INTELLIGENZ AUF GESELLSCHAFT UND KULTUR

Die rasante Entwicklung von Künstlicher Intelligenz (KI) hat nicht nur tiefgreifende Veränderungen in der Wirtschaft und der Arbeitswelt zur Folge, sondern beeinflusst auch die Kultur und das gesellschaftliche Leben auf vielfältige Weise. KI ist dabei nicht nur ein technisches Werkzeug, sondern ein Faktor, der die Art und Weise verändert, wie wir miteinander interagieren, kommunizieren und uns als Gesellschaft organisieren.

In diesem Kapitel werfen wir einen Blick auf die gesellschaftlichen und kulturellen Veränderungen, die durch den Einsatz von KI ausgelöst werden. Wir werden untersuchen, wie KI unser Verständnis von Menschlichkeit, Kreativität, Gesellschaft und Ethik herausfordert und welche potenziellen Risiken und Chancen dabei entstehen.

1. Die Veränderung von

zwischenmenschlichen Beziehungen

Eine der sichtbarsten Auswirkungen von Künstlicher Intelligenz ist die Art und Weise, wie sie zwischenmenschliche Beziehungen verändert. KI-Technologien wie soziale Roboter, Chatbots und digitale Assistenten haben begonnen, als Ersatz für menschliche Interaktionen in verschiedenen Bereichen zu fungieren. Viele Menschen nutzen inzwischen virtuelle Assistenten wie Siri, Alexa oder Google Assistant, um alltägliche Aufgaben zu erledigen, Informationen zu suchen oder sogar mit Geräten zu interagieren.

Auch in der Gesundheitsversorgung werden KI-gesteuerte Systeme eingesetzt, um Patienten zu betreuen, etwa durch virtuelle Pflegeassistenten oder emotionale Unterstützungssysteme. Diese Technologien können insbesondere für ältere Menschen oder Menschen mit Behinderungen von großem Nutzen sein, da sie die Notwendigkeit für menschliche Betreuung verringern und gleichzeitig eine gewisse Form der Gesellschaft bieten.

Doch während solche Technologien sicherlich Vorteile bieten, stellt sich auch die Frage, wie sich die zunehmende Abhängigkeit von Maschinen auf echte, zwischenmenschliche Beziehungen auswirkt. Wird die menschliche Verbindung immer mehr durch den Kontakt mit Maschinen ersetzt? Kann KI wirklich das Bedürfnis nach sozialer Interaktion und emotionaler Nähe befriedigen, das viele Menschen in zwischenmenschlichen Beziehungen suchen?

Die Antwort auf diese Fragen wird in den kommenden Jahren entscheidend für unser gesellschaftliches Zusammenleben sein. Es wird wichtig sein, den richtigen Balanceakt zu finden zwischen der Nutzung von KI zur Unterstützung des menschlichen Miteinanders und der Aufrechterhaltung echter menschlicher Verbindungen.

2. Künstliche Intelligenz und Kreativität

Ein weiteres faszinierendes Thema im Zusammenhang mit KI ist ihre Auswirkung auf die Kreativität. Viele Menschen fragen sich, ob Maschinen in der Lage sind, wirklich kreativ zu sein oder ob Kreativität ausschließlich dem Menschen vorbehalten bleibt. Dank Fortschritten im Bereich der generativen KI haben wir bereits gesehen, dass KI in der Lage ist, Musik, Bilder und sogar Texte zu erzeugen, die für den Menschen kreativ und beeindruckend wirken.

KI-Modelle wie GPT-3 (die Technologie hinter diesem Text), DALL·E (ein KI-Tool zur Erstellung von Bildern) und AIVA (eine KI zur Musikkomposition) haben gezeigt, dass Maschinen mittlerweile erstaunlich gut in der Lage sind, kreative Werke zu schaffen, die menschliche Werke nachahmen oder sogar innovative Ideen hervorbringen.

Doch die Frage bleibt: Was bedeutet Kreativität im Kontext von KI? Ist es wirklich kreativ, wenn ein Algorithmus ein Gemälde erzeugt, das auf den Daten und Mustern basiert, die ihm vorgegeben wurden, oder ist die wahre Kreativität ausschließlich dem Menschen vorbehalten, der mit seiner Erfahrung und Intuition neue Ideen hervorbringt?

Ein wichtiger Aspekt der Diskussion ist, wie sich KI in den kreativen Branchen auswirken wird. Werden Künstler, Schriftsteller und Musiker durch KI ersetzt oder werden sie KI als Werkzeug nutzen, um ihre eigene Kreativität zu erweitern? Es ist durchaus möglich, dass KI zunehmend als Kollaborateur im kreativen Prozess gesehen wird, der den Menschen bei der Realisierung seiner Ideen unterstützt, anstatt ihn zu ersetzen.

3. Die Demokratisierung von Wissen und Zugang

Ein weiterer positiver gesellschaftlicher Effekt von Künstlicher Intelligenz ist die Demokratisierung von Wissen. KI hat das Potenzial, den Zugang zu Bildung und Informationen weltweit zu verbessern. Plattformen wie Coursera, edX und Duolingo bieten Online-Kurse an, die es den Lernenden ermöglichen, Fähigkeiten und Wissen zu erlangen, die früher nur wenigen zugänglich waren.

KI kann auch dazu beitragen, Bildungsbarrieren zu überwinden, indem sie personalisierte Lernpfade für Schüler und Studierende erstellt und ihnen maßgeschneiderte Inhalte bietet, die auf ihrem eigenen Lernfortschritt basieren. Insbesondere in Entwicklungsländern, in denen es an Ressourcen und qualifizierten Lehrkräften mangelt, könnte KI den Zugang zu hochwertiger Bildung ermöglichen.

Zudem bieten digitale Bibliotheken, wikis und andere Wissensplattformen, die von KI unterstützt werden, eine nie dagewesene Menge an Informationen, die Menschen überall auf der Welt in Echtzeit zugänglich gemacht wird. Dies fördert nicht nur den Wissensaustausch, sondern kann auch den sozialen und wirtschaftlichen Fortschritt in weniger entwickelten Regionen vorantreiben.

Allerdings gibt es auch Bedenken, dass die Verfügbarkeit von Wissen durch KI nur dann wirklich demokratisch wird, wenn die technologischen und inhaltlichen Barrieren für benachteiligte Gruppen überwunden werden. Nur wenn alle Menschen, unabhängig von ihrem sozialen oder wirtschaftlichen Hintergrund, Zugang zu den Vorteilen der KI haben, kann diese Technologie ihr volles Potenzial entfalten.

4. Künstliche Intelligenz und der Verlust der Privatsphäre

Mit der Verbreitung von Künstlicher Intelligenz werden auch Fragen der Privatsphäre immer wichtiger. KI-Systeme sammeln ständig Daten, um personalisierte Erfahrungen und Dienstleistungen zu bieten – sei es durch empfohlene Produkte auf Online-Marktplätzen oder durch gezielte Werbung.

Diese Datensammlung ermöglicht eine unglaublich präzise Personalisierung, aber sie wirft auch Bedenken hinsichtlich des Datenschutzes auf.

In der Zukunft könnten KI-Systeme immer detailliertere Profile über unsere Präferenzen, Verhalten und sogar unsere Emotionen erstellen. Dies könnte zu einer Überwachungsgesellschaft führen, in der Unternehmen und Regierungen genau wissen, was wir kaufen, welche Inhalte wir konsumieren und sogar, wie wir uns in bestimmten Situationen fühlen.

Der Verlust der Privatsphäre könnte nicht nur das Vertrauen in digitale Plattformen und Technologien untergraben, sondern auch zu einer Zunahme von manipulativem Verhalten führen. Die Frage, wie viel persönliche Kontrolle wir über unsere Daten behalten sollten, wird eine der zentralen ethischen Fragestellungen der kommenden Jahre sein.

5. Der Einfluss von KI auf politische Prozesse und Demokratie

Künstliche Intelligenz hat das Potenzial, politische Prozesse und die Art und Weise, wie Wahlen und Demokratie funktionieren, erheblich zu verändern. Soziale Medien und Algorithmen spielen bereits heute eine zentrale Rolle in politischen Kampagnen, indem sie gezielte Inhalte an spezifische Wählergruppen ausspielen. KI kann dabei helfen, die Meinungsbildung zu beeinflussen, indem sie herausfindet, welche Themen oder Argumente besonders gut bei einer bestimmten Zielgruppe ankommen.

Zudem gibt es die Möglichkeit, dass KI zur Überwachung von Wahlen und zur Analyse von Wahlverhalten eingesetzt wird. Dies könnte sowohl zur Verbesserung der Transparenz und Fairness von Wahlen beitragen als auch zu neuen Formen der Manipulation und Einflussnahme führen.

Eine weitere Herausforderung ist der Einsatz von KI in der politischen Entscheidungsfindung. Während KI-Systeme dazu in der Lage sind, riesige Datenmengen zu analysieren und Muster zu erkennen, stellt sich die Frage, wie viel Vertrauen wir in die Maschinen setzen sollten, wenn es um politische Entscheidungen geht. Wer trägt die Verantwortung, wenn KI-Algorithmen politische Fehlentscheidungen treffen?

Fazit dieses Abschnitts

Künstliche Intelligenz hat tiefgreifende Auswirkungen auf unsere Gesellschaft und Kultur. Sie verändert nicht nur die Art und Weise, wie wir miteinander kommunizieren und arbeiten, sondern auch, wie wir unser Verständnis von Kreativität, Privatsphäre, Demokratie und Gesellschaft gestalten. Um sicherzustellen, dass KI einen positiven Einfluss auf die Gesellschaft hat, müssen wir uns bewusst mit den ethischen und kulturellen Herausforderungen auseinandersetzen und verantwortungsbewusste Entscheidungen treffen, die den Nutzen der Technologie maximieren und gleichzeitig ihre Risiken minimieren.

KAPITEL 11: DIE ZUKUNFT DER KÜNSTLICHEN INTELLIGENZ: TRENDS UND ENTWICKLUNGEN

Die Entwicklung von Künstlicher Intelligenz (KI) ist rasant und eröffnet unzählige neue Möglichkeiten. Doch wohin wird diese Technologie in den kommenden Jahren führen? Welche Trends zeichnen sich ab, und welche Herausforderungen müssen wir überwinden, um das volle Potenzial von KI zu nutzen? In diesem Kapitel werfen wir einen Blick auf die Zukunft von KI und prognostizieren, wie sie sich weiterentwickeln könnte und welche Veränderungen sie in der Gesellschaft, Wirtschaft und Wissenschaft bewirken wird.

1. Autonome Systeme und der Durchbruch der Selbstständigkeit

Ein wichtiger Trend in der Entwicklung von Künstlicher Intelligenz ist die zunehmende Autonomie von Systemen. Während viele heutige KI-Systeme noch stark auf menschliche Eingaben angewiesen sind, könnten zukünftige KI-Systeme in der Lage sein, immer komplexere Aufgaben vollständig autonom zu übernehmen.

Ein Beispiel dafür sind autonome Fahrzeuge, die nicht nur selbstständig fahren, sondern auch in der Lage sein werden, Entscheidungen zu treffen, die mit der Straßen- und Verkehrssituation in Echtzeit abgestimmt sind. In der Zukunft könnte dies auch auf autonome Roboter ausgeweitet werden, die in Bereichen wie Pflege, Landwirtschaft und Bauindustrie eigenständig arbeiten.

Diese Systeme werden nicht nur in der Lage sein, Aufgaben effizient und fehlerfrei zu erledigen, sondern auch zu lernen und sich an neue Umgebungen und Herausforderungen anzupassen. Die Schaffung von vollständig autonomen Maschinen, die ohne menschliche Aufsicht operieren können, könnte viele Industrien revolutionieren und neue Möglichkeiten für die Gesellschaft eröffnen.

2. Erweiterte Mensch-Maschine-Interaktion: KI als Co-Pilot

Ein weiterer bedeutender Trend ist die Erweiterung der Zusammenarbeit zwischen Mensch und Maschine. KI wird zunehmend als Co-Pilot in vielen Bereichen des Lebens fungieren, von der Medizin über die Bildung bis hin zur Industrie. In der Zukunft wird es nicht nur darum gehen, dass Maschinen Aufgaben übernehmen, sondern dass sie den Menschen unterstützen, indem sie ihre Fähigkeiten erweitern.

Ein Beispiel hierfür sind intelligente Assistenten, die nicht nur Informationen bereitstellen, sondern auch in der Lage sind, auf spezifische Bedürfnisse des Nutzers einzugehen. In der medizinischen Diagnostik könnte KI als Co-Pilot für Ärzte fungieren, indem sie bildgebende Verfahren analysiert, Muster erkennt und sogar Prognosen über den Krankheitsverlauf stellt, die den Ärzten helfen, fundierte Entscheidungen zu treffen.

Darüber hinaus könnten KI-gestützte Werkzeuge für Kreativberufe – wie Schriftsteller, Künstler oder Musiker – als

Unterstützung dienen, um Ideen zu entwickeln, Prozesse zu automatisieren und kreative Blockaden zu überwinden. KI wird also zunehmend zu einem Verstärker menschlicher Fähigkeiten und zur Erweiterung der kreativen und intellektuellen Kapazitäten.

3. KI in der medizinischen Forschung und Gesundheitsversorgung

Die Gesundheitsversorgung ist ein weiterer Bereich, der von der KI stark profitieren wird. Schon heute werden KI-Systeme eingesetzt, um medizinische Bilder zu analysieren, Krankheiten zu diagnostizieren und Behandlungspläne zu optimieren. In Zukunft könnten KI-Technologien die medizinische Forschung in nie dagewesene Dimensionen katapultieren, indem sie riesige Datenmengen analysieren und neue Zusammenhänge in Krankheiten und deren Behandlungsmethoden entdecken.

Ein besonders vielversprechendes Feld ist die Personalisierte Medizin, bei der KI hilft, maßgeschneiderte Therapieansätze zu entwickeln, die individuell auf den genetischen Code eines Patienten abgestimmt sind. Genomsequenzierung und Künstliche Intelligenz könnten gemeinsam dazu beitragen, Krankheiten wie Krebs früher zu erkennen und zu behandeln, indem sie aus Patientenproben und historischen Gesundheitsdaten die bestmöglichen Behandlungsstrategien ableiten.

Darüber hinaus könnten AI-gesteuerte Gesundheitsassistenten den Alltag von Patienten revolutionieren, indem sie kontinuierlich Gesundheitsdaten überwachen, mit Ärzten kommunizieren und präventive Gesundheitsmaßnahmen vorschlagen, bevor ein ernstes Problem auftritt.

4. Quantum Computing und KI:

Die nächste Revolution

Ein faszinierender Trend in der KI-Forschung ist die Verbindung von Künstlicher Intelligenz mit Quantum Computing. Quantum Computing hat das Potenzial, Rechenprozesse, die für klassische Computer unlösbar sind, in Sekundenbruchteilen zu bewältigen. Die Kombination von KI mit den Fähigkeiten des Quantencomputers könnte die Lösung für einige der komplexesten Herausforderungen in der Wissenschaft, Medizin und Wirtschaft darstellen.

Quantum Computer könnten in der Lage sein, optimierte KI-Modelle zu entwickeln, die mit der derzeitigen Rechenleistung nicht realisierbar sind. Die Anwendung von Quantum KI könnte die Effizienz von KI-Algorithmen auf ein völlig neues Level heben und es ermöglichen, komplexe Simulationen und Vorhersagen durchzuführen, die heute noch undurchführbar erscheinen.

Dies könnte auch dazu führen, dass KI schneller und effizienter aus Daten lernt, was zu bedeutenden Durchbrüchen in vielen Bereichen führen würde, von Krebsforschung und Klimaforschung bis hin zu Cybersecurity und Finanzwesen.

5. Ethik und Regulierung von KI: Der Weg in die Zukunft

Während die Chancen von Künstlicher Intelligenz faszinierend sind, werden die ethischen und regulatorischen Fragen noch wichtiger. In der Zukunft wird es von entscheidender Bedeutung sein, wie wir die Entwicklung und den Einsatz von KI gestalten, um sicherzustellen, dass diese Technologien im Einklang mit unseren ethischen Werten stehen und das Wohl der gesamten Gesellschaft fördern.

Gesetzgeber, Unternehmen und Wissenschaftler werden zusammenarbeiten müssen, um ein internationales Regulierungssystem zu schaffen, das den sicheren und verantwortungsvollen Einsatz von KI gewährleistet. Dies könnte eine Reihe von Vorschriften umfassen, die sich auf den Datenschutz, die Verantwortlichkeit von KI-Systemen und den fairen Zugang zu diesen Technologien beziehen.

Besonders in Bereichen wie Gesichtserkennung, autonome Fahrzeuge und Militärtechnologien müssen klare Regeln definiert werden, die verhindern, dass KI für überwachende oder manipulative Zwecke missbraucht wird.

Es wird auch erforderlich sein, ein ethisches Framework zu entwickeln, das den Einsatz von KI im Einklang mit den Menschenrechten und der Förderung der sozialen Gerechtigkeit regelt. Eine der größten Herausforderungen der kommenden Jahre wird es sein, den technologischen Fortschritt mit den Bedürfnissen der Gesellschaft in Einklang zu bringen.

6. KI und die Gesellschaft des 21. Jahrhunderts

Die Auswirkungen von KI auf die Gesellschaft werden tiefgreifend sein. In den kommenden Jahren wird sich KI nicht nur in den Arbeitsmarkt und die Wirtschaft integrieren, sondern auch die soziale Struktur verändern. Neue gesellschaftliche Normen und Wertvorstellungen werden entstehen, wenn der Mensch zunehmend mit Maschinen zusammenarbeitet und sich fragt, was es bedeutet, menschlich zu sein.

Die Frage der Zukunft der Arbeit wird weiterhin eine zentrale Rolle spielen. Werden Maschinen viele der Aufgaben übernehmen, die heute von Menschen ausgeführt werden? Wie können wir sicherstellen, dass die wirtschaftlichen Vorteile von KI gerecht verteilt werden und niemand durch die Technologien benachteiligt wird? Diese und viele andere Fragen werden unsere Gesellschaft in den nächsten Jahrzehnten prägen.

Ein weiteres Thema ist die psychologische und philosophische Auswirkung der Technologie. Wenn Maschinen immer intelligenter werden, stellen sich tiefgehende Fragen zu Autonomie, Bewusstsein und den Grenzen der Menschlichkeit. Werden wir eines Tages Maschinen haben, die nicht nur Aufgaben erledigen, sondern auch ein eigenes Bewusstsein entwickeln?

Fazit dieses Abschnitts

Die Zukunft von Künstlicher Intelligenz ist voller Potenziale, aber auch voller Herausforderungen. In den kommenden Jahren wird KI eine immer größere Rolle in unserer Gesellschaft spielen, von der Autonomie von Systemen über medizinische Durchbrüche bis hin zur Verbesserung der Zusammenarbeit zwischen Mensch und Maschine. Gleichzeitig müssen wir uns mit den ethischen und regulatorischen Fragen auseinandersetzen, die diese Technologie aufwirft, um sicherzustellen, dass sie im Einklang mit unseren menschlichen Werten und Zielen entwickelt wird. Die Entwicklung von KI wird nicht nur unsere Technologie, sondern auch unsere Gesellschaft tiefgreifend verändern.

KAPITEL 12: INTEGRATION VON KÜNSTLICHER INTELLIGENZ IN DEN ALLTAG

Künstliche Intelligenz (KI) hat bereits begonnen, viele Aspekte unseres Lebens zu verändern – von der Art und Weise, wie wir kommunizieren, bis hin zu den Aufgaben, die wir in unserem täglichen Leben erledigen. Aber in den kommenden Jahren wird die Integration von KI noch viel tiefgreifender sein. KI wird zunehmend in alle möglichen Bereiche des Alltags integriert, von der Haushaltsführung bis hin zur öffentlichen Verwaltung. Dieser Wandel hat das Potenzial, das Leben für den Einzelnen zu vereinfachen, aber auch neue Herausforderungen in Bezug auf Privatsphäre, Datensicherheit und soziale Gerechtigkeit aufzuwerfen.

In diesem Kapitel werfen wir einen Blick darauf, wie KI in der Zukunft unseren Alltag prägen könnte und welche praktischen Anwendungen zu erwarten sind. Wir betrachten sowohl die Chancen als auch die möglichen Risiken, die mit der weit verbreiteten Nutzung von KI verbunden sind.

1. KI im Haushalt: Smarte

Geräte und Assistenten

Ein Bereich, in dem KI besonders sichtbar wird, ist der Haushalt. Bereits heute gibt es viele smarte Geräte, die auf KI basieren – von intelligenten Lautsprechern wie Amazon Echo und Google Home bis hin zu smarten Kühlschränken, Thermostaten und Lampen. Diese Geräte sind nicht nur in der Lage, auf Sprachbefehle zu reagieren, sondern lernen auch, die Vorlieben und Bedürfnisse der Nutzer zu erkennen und sich entsprechend anzupassen.

In der Zukunft könnte die KI in unseren Haushalten eine noch größere Rolle spielen. Intelligente Assistenten könnten uns in verschiedenen Lebensbereichen unterstützen – sei es bei der Haushaltsplanung, der Einkaufsliste, der Zubereitung von Mahlzeiten oder dem Zustand der Geräte in unserem Zuhause. Smarte Kühlschränke könnten sogar Lebensmittelvorräte überwachen und automatisch neue Produkte bestellen, wenn etwas zur Neige geht. Robotik und KI könnten dazu beitragen, Haushaltsaufgaben wie Staubsaugen oder Rasenmähen vollständig zu automatisieren.

Die Integration von KI in den Haushalt könnte den Alltag für viele Menschen erheblich vereinfachen und die Zeit für routinemäßige Aufgaben reduzieren. Doch auch hier stellt sich die Frage nach der Datensicherheit und Privatsphäre. Geräte, die ständig Daten sammeln, um sich an unser Verhalten anzupassen, könnten potenziell sensible Informationen preisgeben. Es wird wichtig sein, klare Datenschutzrichtlinien für diese Geräte zu entwickeln, um den Schutz persönlicher Daten zu gewährleisten.

2. KI in der Mobilität: Autonome Fahrzeuge und Verkehrssysteme

Ein weiterer Bereich, in dem Künstliche Intelligenz bereits heute eine Rolle spielt und in der Zukunft noch viel bedeutender werden wird, ist die Mobilität. Die Entwicklung von autonomen

Fahrzeugen hat das Potenzial, den Transportsektor grundlegend zu verändern. Selbstfahrende Autos, Lkw und öffentliche Verkehrsmittel könnten nicht nur den Straßenverkehr sicherer machen, sondern auch den Verkehrsfluss verbessern und die Umwelt entlasten.

Stellen wir uns eine Welt vor, in der autonome Fahrzeuge die Hauptverkehrsmittel darstellen. Diese Fahrzeuge könnten durch präzise Kommunikation mit anderen Fahrzeugen und der Verkehrsinfrastruktur den Verkehr effizienter gestalten und Staus verringern. Ein intelligentes Verkehrsmanagementsystem könnte in Echtzeit den Verkehr überwachen, Umleitungen berechnen und so Staus, Unfälle und Umweltverschmutzung minimieren.

Darüber hinaus könnten fliegende Taxis und drohnenbasierte Lieferdienste in städtischen Gebieten das Bild des Verkehrs weiter verändern. KI-gesteuerte Flugsysteme könnten den urbanen Raum revolutionieren, indem sie den Transport von Personen und Gütern schneller und effizienter gestalten.

Allerdings wird die Integration autonomer Fahrzeuge in den Verkehr auch mit zahlreichen Herausforderungen verbunden sein. Rechtliche Fragen, ethische Dilemmata (wie das Verhalten von Fahrzeugen in Gefahrensituationen) und Fragen des Versicherungsschutzes müssen gelöst werden, bevor die Technologie vollständig in unseren Alltag integriert werden kann.

3. KI im Gesundheitswesen: Prävention und Diagnostik

Die Medizin wird ebenfalls von der fortschreitenden Entwicklung der Künstlichen Intelligenz enorm profitieren. In der Zukunft könnten KI-basierte Systeme in der Lage sein, präzisere Diagnosen zu stellen und die Gesundheitsversorgung insgesamt effizienter zu gestalten.

Dank der Fähigkeit von KI, große Mengen an Gesundheitsdaten in Echtzeit zu verarbeiten, könnten Früherkennungsmaßnahmen für Krankheiten wie Krebs, Diabetes und Herz-Kreislauf-Erkrankungen erheblich verbessert werden. KI-Systeme könnten bereits im präventiven Bereich eingesetzt werden, um Muster in den Gesundheitsdaten von Patienten zu erkennen und individuelle Risikofaktoren für bestimmte Krankheiten vorherzusagen.

Auch die Telemedizin wird durch den Einsatz von KI eine größere Bedeutung gewinnen. Virtuelle Konsultationen mit KI-gesteuerten Assistenten oder sogar ferngesteuerten Robotern könnten eine schnellere und einfachere Diagnose und Behandlung ermöglichen, insbesondere in abgelegenen oder unterversorgten Gebieten.

Darüber hinaus könnte KI-gestützte Personalassistenz in der Pflege eine Rolle spielen, um Menschen mit chronischen Krankheiten oder im hohen Alter zu unterstützen. Pflege-Roboter, die auf KI basieren, könnten Aufgaben wie die Überwachung von Vitalzeichen, die Verabreichung von Medikamenten oder die Überprüfung von Bewegungen übernehmen, um sicherzustellen, dass der Gesundheitszustand eines Patienten stabil bleibt.

Natürlich müssen auch hier ethische Überlegungen und Datenschutzbedenken berücksichtigt werden. Wer hat Zugang zu den Gesundheitsdaten, die KI-Systeme sammeln? Wie kann sichergestellt werden, dass diese Technologien nicht missbraucht oder fehlerhaft eingesetzt werden?

4. KI in der Bildung: Maßgeschneiderte Lernmethoden

Die Bildung ist ein weiterer Bereich, der von der Integration von Künstlicher Intelligenz erheblich profitieren könnte. In der Zukunft könnten intelligente Lernplattformen maßgeschneiderte Lernpläne für Schüler und Studierende entwickeln, die sich an ihren individuellen Bedürfnissen und Lerngewohnheiten orientieren. KI-Systeme könnten den Fortschritt von Lernenden kontinuierlich überwachen und personalisierte Lernmaterialien bereitstellen, die auf die jeweiligen Stärken und Schwächen der Lernenden abgestimmt sind.

Zudem könnte KI im Klassenzimmer als Unterstützung für Lehrer fungieren. Durch die Automatisierung von Aufgaben wie der Bewertung von Prüfungen oder der Verwaltung von Unterrichtsplänen könnten Lehrer mehr Zeit auf die individuelle Betreuung von Schülern verwenden und sich auf die Förderung von kritischem Denken und Kreativität konzentrieren.

In Ländern, in denen der Zugang zu qualitativ hochwertiger Bildung eingeschränkt ist, könnte KI helfen, Bildungssysteme zu demokratisieren, indem sie kostengünstige und skalierbare Lernressourcen zur Verfügung stellt. Online-Kurse und KI-gestützte Tutorensysteme könnten eine breitere Bevölkerungsschicht erreichen und den Wissensstand weltweit verbessern.

5. KI und Arbeit: Automatisierung und neue Berufsfelder

Die Arbeitswelt wird durch KI ebenfalls tiefgreifende Veränderungen erleben. Automatisierung wird viele manuelle und wiederholbare Aufgaben ersetzen, die traditionell von Menschen erledigt wurden. Fabriken, Büros und Dienstleistungsunternehmen könnten KI-gestützte Systeme einsetzen, um Prozesse effizienter und fehlerfreier zu gestalten.

Während einige Berufe möglicherweise verschwinden, werden gleichzeitig neue Berufsfelder entstehen, die es heute noch nicht gibt. KI könnte die Arbeitsorganisation in vielen Branchen revolutionieren und völlig neue Arten der Zusammenarbeit zwischen Mensch und Maschine ermöglichen. Es wird entscheidend sein, wie die Gesellschaft den Übergang gestaltet und Weiterbildungsmöglichkeiten schafft, um den Arbeitskräften zu helfen, sich an die neue Realität anzupassen.

Fazit dieses Abschnitts

Die Integration von Künstlicher Intelligenz in den Alltag wird in den kommenden Jahren zu tiefgreifenden Veränderungen führen. Ob im Haushalt, in der Mobilität, im Gesundheitswesen, in der Bildung oder in der Arbeitswelt – KI wird uns dabei unterstützen, effizienter zu leben, neue Lösungen für alte Probleme zu finden und die Lebensqualität vieler Menschen zu steigern. Gleichzeitig müssen wir jedoch die ethischen und gesellschaftlichen Auswirkungen dieser Veränderungen im Auge behalten, um sicherzustellen, dass KI auf eine Weise eingesetzt wird, die allen zugutekommt und die Privatsphäre und Gerechtigkeit respektiert.

KAPITEL 13: VERANTWORTUNG UND ETHISCHE HERAUSFORDERUNGE N VON KÜNSTLICHER INTELLIGENZ

Die fortschreitende Entwicklung von Künstlicher Intelligenz stellt die Gesellschaft vor eine Reihe von ethischen und moralischen Fragen. Wie viel Verantwortung können wir Maschinen übertragen? Wie können wir sicherstellen, dass KI gerecht und ohne Vorurteile agiert? Und welche moralischen Überlegungen müssen angestellt werden, wenn es darum geht, KI in Bereichen wie Medizin, Recht oder Militär einzusetzen?

In diesem Kapitel widmen wir uns den Verantwortlichkeiten von Entwicklern und Anwendern von KI und den ethischen Herausforderungen, die mit dem Einsatz dieser Technologien verbunden sind. Dabei werden wir sowohl die positiven als auch die potenziell gefährlichen Seiten von KI betrachten und die Notwendigkeit einer verantwortungsbewussten Entwicklung und Nutzung dieser Technologien hervorheben.

1. Verantwortung bei der Entwicklung von Künstlicher Intelligenz

Eine der größten ethischen Herausforderungen im Zusammenhang mit KI ist die Frage, wer für das Verhalten von KI-Systemen verantwortlich ist. Da Künstliche Intelligenz zunehmend in der Lage ist, autonom zu handeln, stellt sich die Frage, ob die Entwickler der KI, die KI selbst oder die Organisationen, die sie einsetzen, die Verantwortung für mögliche Fehlentscheidungen oder Schäden übernehmen müssen.

Ein Beispiel für diese Problematik könnte ein autonomes Fahrzeug sein, das in einen Unfall verwickelt ist. Wer trägt die Verantwortung für den Vorfall – der Hersteller des Fahrzeugs, der Softwareentwickler oder der Eigentümer des Fahrzeugs? Diese Fragen werfen tiefgehende rechtliche und ethische Probleme auf, da KI-Systeme oft Entscheidungen treffen, die für Menschen schwer nachvollziehbar sind.

Die Transparenz von KI-Systemen wird hier zu einem wichtigen Thema. Es muss möglich sein, nachzuvollziehen, warum und wie eine Entscheidung getroffen wurde, um Verantwortung zuweisen zu können. Erklärbare KI (Explainable AI) könnte eine Lösung sein, da sie es ermöglicht, die Entscheidungsprozesse von KI-Systemen für Menschen verständlich zu machen.

Darüber hinaus muss klar geregelt werden, wie Fehler in KI-Systemen gehandhabt werden. Wird ein Fehler von der KI gemacht, muss die Verantwortung in einer Weise verteilt werden, die rechtliche und ethische Prinzipien respektiert und die betroffenen Parteien entschädigt.

2. Die Frage der Fairness: Bias und

Diskriminierung in KI-Systemen

Ein weiteres bedeutendes ethisches Problem von Künstlicher Intelligenz ist die Bias-Problematik. KI-Systeme sind nur so gut wie die Daten, mit denen sie trainiert werden. Wenn diese Daten voreingenommen oder diskriminierend sind, kann dies dazu führen, dass KI-Systeme Entscheidungen treffen, die bestehende Ungerechtigkeiten verstärken.

Ein gutes Beispiel hierfür sind KI-basierte Rekrutierungssysteme, die auf historischen Daten beruhen, die möglicherweise geschlechtsspezifische oder ethnische Vorurteile enthalten. Solche Systeme könnten dazu führen, dass bestimmte Gruppen systematisch benachteiligt werden, was zu diskriminierenden Entscheidungen führen kann.

Um diese Probleme zu vermeiden, ist es entscheidend, dass KI-Entwickler darauf achten, dass die Daten, mit denen die Systeme trainiert werden, fair und ausgewogen sind. Diversität in den Trainingsdaten und Monitoring von KI-Algorithmen sind wesentliche Maßnahmen, um Bias zu erkennen und zu korrigieren. Der Einsatz von fairer KI sollte nicht nur eine technologische Herausforderung, sondern auch eine gesellschaftliche Verantwortung sein.

3. Privatsphäre und Datenschutz: Der Schutz persönlicher Daten

Ein weiteres zentrales ethisches Thema im Zusammenhang mit KI ist der Schutz der Privatsphäre und Datensicherheit. KI-Systeme sammeln und verarbeiten riesige Mengen an persönlichen Daten – sei es in der Gesundheitsversorgung, bei Online-Diensten oder durch intelligente Assistenten in unseren Haushalten. Diese Daten sind äußerst sensibel und könnten potenziell missbraucht werden, wenn sie in die falschen Hände geraten.

Die Datensammlung und Verarbeitung durch KI-Systeme werfen

Fragen auf, wie diese Daten sicher und im Einklang mit den Rechten der Individuen verwendet werden können. Der Datenschutz wird zu einer der wichtigsten ethischen Überlegungen, wenn KI-Systeme immer stärker in unserem Leben präsent sind.

Ein wichtiger Aspekt ist die Einwilligung: Nutzer müssen darüber informiert werden, welche Daten gesammelt werden und wie sie verwendet werden. Transparenz und Kontrolle über die eigenen Daten sind grundlegende Rechte, die es zu wahren gilt.

Zusätzlich könnte KI in der Lage sein, unbewusste Verhaltensmuster von Menschen zu analysieren und daraus Rückschlüsse auf ihre Wünsche, Ängste und Bedürfnisse zu ziehen. Dies könnte die Grenze zwischen personalisierten Services und Manipulation verwischen. Wie kann sichergestellt werden, dass KI-Systeme die Autonomie des Einzelnen respektieren?

4. Die ethischen Implikationen des Einsatzes von KI im Militär

Ein besonders kontroverser Bereich, in dem KI auf ethische Bedenken stößt, ist der militärische Einsatz. Autonome Waffensysteme, die Entscheidungen über Leben und Tod treffen, werfen komplexe moralische Fragen auf. Sollte ein KI-System in der Lage sein, eigenständig Ziele zu identifizieren und zu eliminieren? Wer ist verantwortlich, wenn ein Fehler gemacht wird und Zivilisten getötet werden?

Die Kriegsführung durch KI könnte dazu führen, dass militärische Entscheidungen ohne menschliche Aufsicht getroffen werden, was die Gefahr birgt, dass diese Entscheidungen von algorithmischen Fehlern oder Fehleinschätzungen beeinflusst werden. Verantwortungslosigkeit und Unvorhersehbarkeit sind zwei der größten ethischen Bedenken bei diesem Thema.

Zahlreiche internationale Organisationen und Aktivisten fordern ein weltweites Verbot von autonomen Waffensystemen, um die Kontrolle über militärische Entscheidungen zu wahren und sicherzustellen, dass diese nicht in die Hände von unkontrollierbaren Maschinen geraten.

5. Die Rolle der Gesellschaft: Regulierung und Aufsicht von KI

Angesichts der tiefgreifenden Auswirkungen, die KI auf Gesellschaft, Wirtschaft und Politik haben wird, stellt sich die Frage, wie wir den Einsatz dieser Technologien regulieren und überwachen können. Es braucht klare Gesetze und richtlinien, um sicherzustellen, dass KI verantwortungsvoll und sicher eingesetzt wird.

Ein erster Schritt in diese Richtung war die Verabschiedung der EU-Verordnung über Künstliche Intelligenz im Jahr 2021, die die Entwicklung und den Einsatz von KI in der Europäischen Union regelt. Diese Verordnung sieht vor, dass KI-Systeme bestimmten Sicherheitsstandards entsprechen müssen und dass es klare Regeln für den Umgang mit sensiblen Daten gibt.

Der Schlüssel wird darin liegen, globale Standards zu entwickeln, die es ermöglichen, KI auf eine faire, gerechte und sichere Weise zu nutzen, während gleichzeitig die Innovationskraft der Technologie gewahrt bleibt.

Fazit dieses Abschnitts

Die Verantwortung und die ethischen Herausforderungen im Zusammenhang mit Künstlicher Intelligenz sind vielschichtig und komplex. Es gibt zahlreiche Fragen, die beantwortet werden müssen – von der Verantwortlichkeit für Fehler und Unfälle bis hin zur Sicherheit persönlicher Daten und der Gerechtigkeit in der Entscheidungsfindung. In einer Welt, in der KI immer präsenter wird, müssen Entwickler, Regierungen und die Gesellschaft als

Ganzes gemeinsam daran arbeiten, sicherzustellen, dass diese Technologien verantwortungsvoll eingesetzt werden.

Es ist wichtig, dass die Entwicklung von KI nicht nur durch technische Innovationen vorangetrieben wird, sondern auch durch ethische Reflexionen und ein starkes Engagement für den Schutz der Rechte und Wohlstand aller Menschen.

KAPITEL 14: ZUKÜNFTIGE HERAUSFORDERUNGE N UND MÖGLICHKEITEN DER KÜNSTLICHEN INTELLIGENZ

Künstliche Intelligenz hat in den letzten Jahren enorme Fortschritte gemacht, doch viele der weitreichendsten Potenziale von KI stehen uns noch bevor. Die Entwicklungen in Bereichen wie Maschinellem Lernen, Natural Language Processing (NLP) und Computer Vision werden in der Zukunft zunehmend die Art und Weise verändern, wie wir leben, arbeiten und interagieren. Doch während KI viele Möglichkeiten bietet, wird die Technologie auch vor einigen schwierigen Herausforderungen stehen, die gemeistert werden müssen, um ihre volle Kapazität zu entfalten.

In diesem Kapitel werfen wir einen Blick auf die langen Sichtweisen zu KI – die möglichen Veränderungen der Gesellschaft, die technischen und ethischen Barrieren, sowie die Zukunftsvisionen, die sowohl Chancen als auch Risiken mit sich bringen.

1. Die Weiterentwicklung der Künstlichen Intelligenz

Die Entwicklung von KI steht noch am Anfang, und es gibt eine Reihe von Technologien, die erst in den kommenden Jahrzehnten realisiert werden könnten. Künstliche Superintelligenz (ASI) ist ein Konzept, das die Vision beschreibt, dass KI eines Tages die kognitiven Fähigkeiten des Menschen übertreffen wird. Dies könnte potenziell die größte technologische Revolution in der Geschichte der Menschheit darstellen. ASI würde in der Lage sein, eigene Ziele zu entwickeln und unabhängig zu handeln, und könnte unsere Probleme auf eine Weise lösen, die für den menschlichen Verstand unvorstellbar wäre.

Die Transzendenz des menschlichen Intellekts durch KI wirft jedoch Fragen der Kontrolle und Verantwortung auf. Was passiert, wenn KI ein Niveau erreicht, das es ihr ermöglicht, selbstständig Entscheidungen zu treffen, die nicht nur Menschen übertreffen, sondern auch völlig unverstanden bleiben? Wird es möglich sein, sich selbstregulierende Systeme zu schaffen, die im besten Interesse der Menschheit handeln?

Während die Superintelligenz noch weit entfernt ist, gibt es bereits Fortschritte, die nahelegen, dass Maschinen zunehmend in der Lage sein werden, spezifische menschliche Intelligenzfunktionen zu imitieren und zu verbessern, wie zum Beispiel das Lösen komplexer Probleme oder das Verstehen natürlicher Sprache.

Die Frage ist nicht, ob wir irgendwann eine Superintelligenz entwickeln werden, sondern wie wir sicherstellen können, dass sie nicht außer Kontrolle gerät. Dies erfordert intensive Forschung und Sicherheitsmaßnahmen, um sicherzustellen, dass KI im Einklang mit den menschlichen Werten entwickelt wird.

2. Mensch und Maschine: Das Zusammenleben im Jahr 2050

Ein weiterer Aspekt der Zukunft von KI ist die Frage, wie der Mensch und die Maschine zusammenarbeiten werden. Schon jetzt haben wir begonnen, KI in Bereichen wie der Medizin, Fertigung und Bildung zu integrieren. Doch in den kommenden Jahrzehnten könnten KI und Mensch zunehmend zusammenarbeiten, wobei Maschinen nicht nur als Werkzeuge fungieren, sondern als Kooperationspartner.

Die Interaktion zwischen Mensch und KI wird tiefgreifende Veränderungen im Arbeitsumfeld und in der Art und Weise, wie wir leben, mit sich bringen. Kollaborative Roboter, sogenannte Cobots, könnten mit uns an unseren Schreibtischen, in unseren Häusern und in Fabriken arbeiten. Diese Maschinen werden so gestaltet sein, dass sie Menschen unterstützen und ihre Fähigkeiten erweitern, anstatt sie zu ersetzen.

In der Zukunft könnte KI sogar als Verlängerung des menschlichen Verstandes fungieren. Wenn Maschinen uns bei der Verarbeitung und Analyse riesiger Informationsmengen unterstützen, könnte unser kognitives Potenzial auf ein neues Level gehoben werden. Dies könnte zu durchbruchsartigen Erkenntnissen in den Bereichen Wissenschaft, Medizin und Philosophie führen.

3. Arbeitswelt der Zukunft: Veränderungen durch Automatisierung und KI

Die Automatisierung durch Künstliche Intelligenz wird die Arbeitswelt grundlegend verändern. Einige Branchen werden durch den Einsatz von Maschinen radikal umgestaltet werden, und viele Berufe, die heute existieren, werden entweder verschwinden oder stark verändert werden. Routineaufgaben, die in der Vergangenheit von Menschen erledigt wurden, werden zunehmend von KI-gesteuerten Systemen übernommen. Das könnte zu einer Verlagerung der Arbeitskräfte hin zu Tätigkeiten führen, die mehr Kreativität, Problem-solving und emotionale Intelligenz erfordern – Fähigkeiten, die für Maschinen schwierig zu reproduzieren sind.

Gleichzeitig könnten neue Berufsprofile entstehen, die wir uns heute noch nicht vorstellen können. Die Interdisziplinarität wird in der Zukunft entscheidend sein – Menschen, die sowohl technische als auch kreative Fähigkeiten besitzen, könnten die Gewinner der kommenden Arbeitsmärkte sein.

Ein weiteres Thema, das in der Arbeitswelt der Zukunft auftauchen wird, ist die Verlagerung von Arbeitsplätzen durch den globalen Einsatz von KI. In einem zunehmend globalisierten Arbeitsmarkt könnte die Möglichkeit, KI zu nutzen, als wichtiger Wettbewerbsfaktor für Unternehmen gelten. Diese Verlagerung von Arbeitsplätzen könnte sowohl Chancen als auch Herausforderungen mit sich bringen, etwa durch den Abbau von Arbeitsplätzen in bestimmten Sektoren und den Zugang zu hochqualifizierten Berufen in anderen Bereichen.

4. Künstliche Intelligenz und die Gesellschaft der Zukunft: Chancen und Risiken

Die Gesellschaft wird sich durch KI sowohl verändern als auch herausgefordert werden. Einerseits eröffnet KI neue Möglichkeiten, die Welt zu verbessern: durch effizientere Gesundheitsversorgung, grünere Energieproduktion, optimierte Städte und eine Vielzahl weiterer Anwendungen, die das Leben der Menschen komfortabler und nachhaltiger machen könnten.

Doch andererseits gibt es auch die Gefahr der Ungleichheit. Wenn KI nicht gleichmäßig verteilt wird, könnte der Zugang zu den Vorteilen dieser Technologie stark eingeschränkt sein, was zu einer Vertiefung der sozialen Kluft führen könnte. Die Gegensätze zwischen denjenigen, die Zugang zu fortschrittlicher Technologie haben, und denjenigen, die ausgeschlossen bleiben, könnten die gesellschaftliche Fragmentierung verstärken.

Ein weiteres Problem stellt die Veränderung der Machtverhältnisse dar. Unternehmen und Staaten, die über fortschrittliche KI-Entwicklungen verfügen, könnten enormen Einfluss auf die Weltwirtschaft und die internationale Politik ausüben. Es könnte eine Machtverschiebung in Richtung der Technologiegiganten geben, was zu einer Konzentration von Wirtschafts- und Entscheidungsbefugnissen führen würde.

5. Der Umgang mit Risiken und unerwünschten Folgen

Neben den **potenziellen Vorteilen** von KI gibt es auch viele **Risiken**, die mit ihrer Nutzung verbunden sind. Dazu gehören:

- **Arbeitslosigkeit** durch Automatisierung,
- **Sicherheitsbedenken** bei der Verwendung von KI in kritischen Infrastrukturen,
- **Bedenken in Bezug auf die Datensicherheit**,
- und die Gefahr der **Fehlanwendung** von KI, etwa im **Militär** oder in **überwachungsstaatlichen Kontexten**.

Es wird entscheidend sein, Regulierungsmechanismen und ethische Standards zu entwickeln, um diese Risiken zu mindern. Ein internationales KI-Abkommen könnte notwendig werden, um sicherzustellen, dass KI im Einklang mit den menschlichen Werten und der globalen Gerechtigkeit entwickelt und eingesetzt wird.

Fazit dieses Abschnitts

Die Zukunft der Künstlichen Intelligenz birgt sowohl große

Chancen als auch Herausforderungen. Wenn KI weiterhin verantwortungsbewusst entwickelt und eingesetzt wird, könnte sie enorme Vorteile für die Menschheit bringen, von der Verbesserung der Lebensqualität bis hin zur Lösung von globalen Problemen. Doch gleichzeitig müssen wir uns der Risiken bewusst sein und sicherstellen, dass KI auf eine faire, ethisch vertretbare und verantwortungsvolle Weise eingesetzt wird. Dies wird nicht nur die Verantwortung der Entwickler und Regierungen sein, sondern auch der Gesellschaft insgesamt.

KAPITEL 15: INTEGRATION VON KÜNSTLICHER INTELLIGENZ IN VERSCHIEDENE LEBENSBEREICHE

Künstliche Intelligenz (KI) ist nicht nur ein technisches Konzept, sondern eine transformative Kraft, die nahezu jeden Aspekt unseres Lebens beeinflussen kann. Schon heute sehen wir KI in Bereichen wie Gesundheitswesen, Transport, Bildung und Freizeit, und ihre Präsenz wird in den kommenden Jahren weiter zunehmen. In diesem Kapitel werfen wir einen Blick auf einige der wichtigsten Sektoren, die von KI betroffen sind, und beleuchten, wie diese Technologie unser tägliches Leben und die Art und Weise, wie wir arbeiten, verändern wird.

1. KI im Gesundheitswesen: Medizin der Zukunft

Das Gesundheitswesen ist einer der Sektoren, der am stärksten von den Möglichkeiten der Künstlichen Intelligenz profitieren könnte. Schon heute nutzen Ärzte und medizinisches Personal KI-gestützte Technologien, um **Diagnosen** zu stellen, **Behandlungen** zu entwickeln und **Patientendaten** zu analysieren. Doch die Entwicklung geht noch viel weiter und verspricht eine Revolution in der Art und Weise, wie medizinische Dienstleistungen bereitgestellt werden.

- **Früherkennung und Diagnose**: KI-Algorithmen können **Bilderkennung** und **Datenanalyse** auf eine Art und Weise durchführen, die Ärzten hilft, Krankheiten viel früher zu diagnostizieren. So können KI-Systeme in der Radiologie Tumore auf Röntgenbildern oder MRT-Scans erkennen, oft schneller und genauer als Menschen. Ebenso wird KI zur Früherkennung von **Herzkrankheiten**, **Diabetes** oder **Alzheimer** immer relevanter.

- **Personalisierte Medizin**: KI ermöglicht eine immer präzisere, **personalisierte Medizin**, bei der Behandlungen genau auf die Bedürfnisse des einzelnen Patienten abgestimmt werden. Durch die Analyse von **genetischen Daten**, **medizinischer Geschichte** und **Umweltfaktoren** kann KI helfen, maßgeschneiderte Therapien zu entwickeln, die viel erfolgreicher sind als standardisierte Ansätze.

- **Robotergestützte Chirurgie**: In der **Chirurgie** kann KI dazu beitragen, Verfahren sicherer und präziser zu machen. Roboterchirurgen, die durch KI unterstützt werden, können Operationsfehler minimieren und die **Erholungszeiten** für Patienten verkürzen.

Doch auch im Gesundheitswesen gibt es ethische und datenschutzrechtliche Bedenken. Der **Schutz der Patientendaten** und die Frage, wie viel Vertrauen wir in **automatisierte Diagnosen** setzen, sind zentrale Diskussionsthemen, die geklärt werden müssen.

2. KI im Transportwesen: Autonome Fahrzeuge und smarte Verkehrssysteme

Der Transportsektor erlebt durch KI einen tiefgreifenden Wandel. Die Einführung von **autonomen Fahrzeugen** und **smarten Verkehrssystemen** könnte nicht nur die Art und Weise verändern, wie wir uns fortbewegen, sondern auch Auswirkungen auf die **Sicherheit**, **Umwelt** und **Wirtschaft** haben.

- **Autonome Fahrzeuge**: Autos, die durch KI gesteuert werden, könnten in den nächsten Jahren zur Norm werden. Diese **selbstfahrenden Fahrzeuge** nutzen Sensoren, maschinelles Lernen und Echtzeit-Daten, um den Verkehr zu analysieren, Entscheidungen zu treffen und sicher zu navigieren. Sie versprechen, die **Verkehrssicherheit** zu erhöhen, da sie menschliche Fehler wie Ablenkung, Müdigkeit oder unaufmerksames Fahren ausschließen.

- **Verkehrsoptimierung**: KI wird zunehmend genutzt, um den **Verkehr** in Städten zu steuern und **Staus** zu minimieren. Intelligente Verkehrssysteme, die Verkehrsdaten in Echtzeit sammeln und auswerten, können den Verkehrsfluss verbessern und die **CO_2-Emissionen** verringern. Auch die **Routenplanung** wird durch KI effizienter und flexibler, sodass wir unsere Ziele schneller und umweltfreundlicher erreichen können.

- **Mobilität im urbanen Raum: Sharing-Modelle** und **On-Demand-Transportdienste**, die durch KI ermöglicht werden, könnten in Zukunft den öffentlichen und privaten Verkehr in Städten verändern. **Selbstfahrende Taxis**, **Elektromobilität** und **Transportdrohnen** könnten in Städten eine zentrale Rolle spielen, um Menschen und Güter effizient zu befördern.

Allerdings gibt es auch Bedenken hinsichtlich der **Sicherheit** autonomer Fahrzeuge und der **Arbeitsplatzverluste** durch die Automatisierung von Transportberufen.

3. KI in der Bildung: Individualisierte Lernansätze und intelligente Tutoren

Die Integration von KI in den Bildungsbereich wird weitreichende Auswirkungen auf den Lernprozess haben. **Personalisierte Lernansätze** und **intelligente Tutoren** könnten dazu beitragen, das Lernen individueller, effizienter und zugänglicher zu gestalten.

- **Individuelles Lernen**: KI kann Lernplattformen dazu befähigen, sich an die Bedürfnisse jedes einzelnen Schülers anzupassen. Durch die Analyse von **Lernmustern** und **Schwächen** kann KI maßgeschneiderte Lernmaterialien und -methoden anbieten, die speziell auf die Stärken und Schwächen des Lernenden ausgerichtet sind.

- **Intelligente Tutoren**: In Zukunft könnten **KI-Tutoren** Lernende unterstützen, indem sie als **persönliche Assistenten** fungieren, die jederzeit Antworten auf Fragen liefern, Übungen anbieten und Feedback geben. Diese Assistenten können für jeden Schüler einen eigenen Lernplan erstellen, der sich an seinen Fortschritten orientiert.

- **Zugang zu Bildung**: KI kann dabei helfen, Bildungsangebote **weltweit** zugänglicher zu machen, insbesondere in Regionen, die mit **Bildungsmangel** zu kämpfen haben. KI-gesteuerte Plattformen können es Lernenden aus abgelegenen Gegenden ermöglichen, hochwertige Bildung zu erhalten, ohne an einen physischen Ort gebunden zu sein.

Doch auch hier müssen Herausforderungen wie **Datenprivacy**, **Bias** in Lernmaterialien und die **Auswirkungen auf Lehrerberufe** berücksichtigt werden.

4. KI im Alltag: Smarte Assistenten und Vernetzte Geräte

In unseren täglichen Leben wird KI zunehmend zu einem festen Bestandteil. Vom **intelligenten Haushalt** über die **Persönliche Assistenz** bis hin zur **Arbeitserleichterung** – KI wird zunehmend unseren Alltag vereinfachen.

- **Smarte Assistenten: Sprachgesteuerte Assistenten** wie **Siri**, **Alexa** und **Google Assistant** sind schon heute in vielen Haushalten verbreitet. In Zukunft könnten diese Assistenten noch leistungsfähiger werden und in der Lage sein, viele komplexere Aufgaben zu übernehmen – wie das Planen von Terminen, das Steuern von Haushaltsgeräten oder das Unterstützen bei der Arbeit.

- **Vernetzte Geräte:** Im Bereich des **Internet of Things (IoT)** werden immer mehr Geräte miteinander verbunden, um Informationen auszutauschen und miteinander zu kommunizieren. Dies ermöglicht es, dass **Smart Homes** oder **Wearables** immer mehr Aufgaben automatisieren. Der Kühlschrank kann den Einkauf organisieren, das Auto den nächsten Service-Termin planen und die Heizung kann sich automatisch an die gewünschte Temperatur anpassen.

- **Personalisierte Empfehlungen:** KI wird auch eine zentrale Rolle in der Art und Weise spielen, wie wir **Produkte** und **Dienstleistungen** erleben. Sie wird uns Empfehlungen geben, sei es in Bezug auf **Filme**, **Musik**, **Restaurants** oder **Einkäufe**, basierend auf unseren individuellen Vorlieben und bisherigen Entscheidungen.

Doch mit der zunehmenden Vernetzung und dem Wachstum des IoT steigt auch die **Sicherheits- und Datenschutzproblematik**, die es zu adressieren gilt.

Fazit dieses Abschnitts

Die Integration von KI in verschiedene Lebensbereiche bietet enorme Chancen, das tägliche Leben zu verbessern und viele Probleme zu lösen. Von medizinischen Durchbrüchen über intelligente Verkehrssysteme bis hin zu personalisierten Lernmethoden – die Potenziale von KI sind nahezu grenzenlos. Allerdings müssen auch die Herausforderungen und Risiken sorgfältig berücksichtigt werden, insbesondere in Bezug auf Datenschutz, Sicherheit und soziale Gerechtigkeit.

Mit der richtigen Regulierung, Aufklärung und ethischen Standards könnte KI eine Schlüsseltechnologie werden, die unseren Alltag in eine positive Richtung lenkt und dabei hilft, viele der drängendsten globalen Probleme zu lösen.

KAPITEL 16: KI UND DIE GESETZGEBUNG: DIE NOTWENDIGKEIT EINER NEUEN REGULIERUNG

Die rasante Entwicklung von Künstlicher Intelligenz stellt die bestehenden rechtlichen Rahmenbedingungen vor eine enorme Herausforderung. Die Frage, wie KI effektiv reguliert und gleichzeitig innovationsfreundlich bleibt, ist ein zentrales Thema. Die gesetzlichen Bestimmungen müssen sicherstellen, dass KI verantwortungsvoll eingesetzt wird, ohne dabei den technologischen Fortschritt zu behindern.

1. Die Notwendigkeit einer globalen KI-Gesetzgebung

Da KI-Anwendungen weltweit immer weiter verbreitet sind, ist es von entscheidender Bedeutung, dass die Gesetzgeber internationale Standards für den Umgang mit KI entwickeln. Unterschiedliche nationale Regelungen könnten zu Fragmentierung führen, was die Effizienz und den fairen Wettbewerb beeinträchtigen würde. Es ist daher wichtig, internationale Zusammenarbeit zu fördern, um eine globale KI-

Regulierung zu schaffen, die den ethischen Umgang mit KI garantiert.

Einige Länder wie die Europäische Union haben bereits begonnen, Gesetze zu entwickeln, um den Umgang mit KI zu regeln. Die EU-Datenverordnung (GDPR) war ein erster Schritt, der auch auf KI anwendbar ist, da viele KI-Systeme auf großen Mengen persönlicher Daten angewiesen sind. Diese Regulierung könnte als Modell für eine zukünftige globale KI-Gesetzgebung dienen.

2. Rechtliche Verantwortung von KI-Systemen

Die Frage, wer für KI-Fehler haftet, ist ein weiteres zentrales Thema der KI-Regulierung. In traditionellen Systemen ist es klar, dass die Verantwortung bei den Menschen liegt, die Entscheidungen treffen oder Produkte herstellen. Doch bei KI-Systemen, die autonom agieren, wird diese Verantwortung zunehmend diffundiert. Wer ist verantwortlich, wenn ein autonomes Fahrzeug einen Unfall verursacht? Wer trägt die Haftung, wenn eine KI-gestützte medizinische Diagnose fehlerhaft ist?

Es ist notwendig, klare Haftungsregeln zu definieren, die sowohl den entwickelnden Unternehmen als auch den Nutzern von KI-Systemen eine Rechtssicherheit bieten. Ein Ansatz könnte darin bestehen, KI-Systeme als rechtlich eigenständige Akteure zu betrachten, die in bestimmten Fällen eine eigene Haftung tragen. Allerdings muss auch bedacht werden, dass in vielen Fällen die Verantwortung nicht nur beim KI-System, sondern auch bei denjenigen, die die KI entwickelt haben, liegen kann.

3. Der Umgang mit KI-Bias und Diskriminierung

Ein weiteres rechtliches Problem betrifft den Bias in KI-Systemen. Wenn KI-Algorithmen auf historischen Daten basieren, können sie Voreingenommenheiten und Diskriminierungen aus der Vergangenheit verstärken. Dies hat insbesondere Auswirkungen in Bereichen wie der Personalrekrutierung, der Strafjustiz und der Gesundheitsversorgung, wo die Entscheidungen von KI-Systemen direkte Auswirkungen auf das Leben von Menschen haben können.

Gesetzgeber müssen klare Vorgaben und Standards entwickeln, um sicherzustellen, dass KI-Algorithmen fair, transparent und diskriminierungsfrei arbeiten. Dazu gehört auch, dass Unternehmen, die KI-Systeme entwickeln, verpflichtet werden, ihre Algorithmen auf Bias zu überprüfen und diese regelmäßig zu aktualisieren.

KAPITEL 17: KI IN DER POLITIK: WIE MASCHINEN DIE ENTSCHEIDUNGSFIND UNG VERÄNDERN KÖNNEN

Die Verwendung von Künstlicher Intelligenz in der Politik und öffentlichen Verwaltung kann zu einer signifikanten Veränderung der politischen Entscheidungsprozesse führen. KI kann die Art und Weise, wie politische Entscheidungen getroffen werden, effizienter und transparenter gestalten. Doch es gibt auch Bedenken hinsichtlich der Demokratie und der Machtverhältnisse, die sich durch den Einsatz von KI in der Politik verschieben könnten.

1. KI als Werkzeug für politische Analyse

Künstliche Intelligenz kann die Politikberatung durch Datenanalyse und Prognosemodelle revolutionieren. Regierungen und politische Entscheidungsträger können KI nutzen, um gesellschaftliche Trends vorherzusagen, Wählerstimmungen zu analysieren und sogar politische Kampagnen besser zu steuern. Zum Beispiel kann eine KI-gestützte Analyse von Wählerverhalten und Öffentlichkeitsmeinung dabei helfen, politische Entscheidungen besser an die Bedürfnisse der Bevölkerung anzupassen.

Ein weiteres Beispiel ist die Verwendung von KI-gestützten Modellen, um politische Programmentwicklungen oder Gesetzesentwürfe zu simulieren und deren mögliche Auswirkungen auf die Gesellschaft vorherzusagen. Dies kann zu fundierteren Entscheidungen führen und dazu beitragen, politische Fehler zu vermeiden.

2. Transparenz und Vertrauen in die politischen Prozesse

Ein Problem im politischen Bereich ist die Transparenz der KI-gestützten Entscheidungsfindung. Viele KI-Algorithmen sind "Black Boxes" – sie bieten wenig Einblick in die Art und Weise, wie sie zu ihren Ergebnissen kommen. Dies könnte das Vertrauen der Öffentlichkeit in politische Entscheidungen beeinträchtigen, insbesondere wenn die KI zur Entscheidungsfindung in Bereichen wie Gesetzgebung, Wahlen und Regierungsführung verwendet wird.

Es ist entscheidend, dass der Einsatz von KI in der Politik mit einem hohen Maß an Transparenz und Rechenschaftspflicht einhergeht. Politische Entscheidungsträger sollten klare Standards dafür entwickeln, wie KI-Entscheidungen nachvollziehbar und nachvollziehbar gemacht werden können.

3. Die Rolle der KI in Wahlprozessen und politischen Kampagnen

KI hat das Potenzial, die Art und Weise, wie politische Kampagnen geführt werden, erheblich zu verändern. Wählerdaten und

Meinungsumfragen können mithilfe von KI präzise analysiert werden, um Wählergruppen gezielt anzusprechen. Dies kann zu einer stärkeren Personalisierung von politischen Kampagnen führen, aber auch zu Problemen wie politischer Manipulation und Zielgruppenansprache, die sich in fake news oder Fehlinformationen niederschlagen können.

Politische Regulierungen müssen den fairen Einsatz von KI in Wahlkämpfen sicherstellen und verhindern, dass Fehlinformationen oder Desinformation verbreitet werden.

KAPITEL 18: KI UND DIE ZUKUNFT DER ARBEITSWELT: CHANCEN UND HERAUSFORDERUNGEN

Wie bereits in vorherigen Kapiteln beschrieben, wird die Automatisierung durch KI viele Berufsfelder transformieren. Aber was bedeutet das für die Zukunft der Arbeit? Welche Chancen und Herausforderungen bringen diese Veränderungen mit sich? Wird es genug Arbeitsplätze für alle geben, und wie können wir uns auf eine zunehmend von Maschinen geprägte Arbeitswelt vorbereiten?

1. Veränderte Arbeitsstrukturen

Die Auswirkungen von KI auf den Arbeitsmarkt sind zweifellos tiefgreifend. Routineaufgaben, die traditionell vom Menschen ausgeführt wurden, werden zunehmend von Künstlicher Intelligenz übernommen. Dazu gehören Berufe in der Fertigung, Logistik, und Verwaltung. Doch auch kreative Bereiche wie Design, Schriftstellerei und Musikproduktion sind zunehmend von KI betroffen.

Trotzdem bedeutet dies nicht zwangsläufig, dass Arbeitsplätze verschwinden müssen. Vielmehr entstehen durch den Einsatz von KI auch neue Berufsfelder, die Technologie, Kreativität und kritisches Denken miteinander verbinden. Neue Berufsbezeichnungen wie Datenwissenschaftler, KI-Trainer und Automatisierungsberater könnten in der Zukunft gefragt sein.

2. Wirtschaftliche Ungleichheit und soziale Fragen

Ein zentrales Problem ist die wirtschaftliche Ungleichheit, die durch den Einsatz von KI weiter verstärkt werden könnte. Wenn KI und Automatisierung vor allem in den Händen großer Unternehmen und wohlhabender Länder liegen, könnte dies zu einer vergrößerten Kluft zwischen Arm und Reich führen. Diese Entwicklung könnte nicht nur wirtschaftliche, sondern auch soziale Spannungen verursachen.

Um diese Probleme zu mildern, müssen soziale Sicherheitsnetze gestärkt und der Zugang zu Weiterbildung für alle gewährleistet werden. Eine Gesellschaft, die den technologischen Wandel erfolgreich bewältigt, muss sicherstellen, dass niemand aufgrund der Automatisierung auf der Strecke bleibt.

KAPITEL 19: KI IM GESUNDHEITSWESEN: CHANCEN FÜR EINE REVOLUTION IN DER MEDIZIN

Das Gesundheitswesen zählt zu den Bereichen, in denen Künstliche Intelligenz enorme Chancen bietet. Durch den Einsatz von KI können Ärzte und medizinisches Fachpersonal präzisere Diagnosen stellen, personalisierte Behandlungen entwickeln und den Gesundheitssektor effizienter gestalten. Doch auch in der Medizin gibt es viele ethische und praktische Herausforderungen, die im Zusammenhang mit der Einführung von KI gelöst werden müssen.

1. KI als Diagnosewerkzeug

Ein vielversprechendes Einsatzgebiet für KI im Gesundheitswesen ist die Diagnose von Krankheiten. KI-Algorithmen, die auf medizinischen Bilddaten wie Röntgenbildern, CT-Scans oder MRTs trainiert werden, sind inzwischen in der Lage, Fehlbildungen oder Anomalien in Bildern zu erkennen, die für das menschliche Auge oft schwer fassbar sind. KI kann also als unterstützendes Werkzeug für Ärzte dienen, indem sie sie auf mögliche Probleme hinweist, die sie möglicherweise übersehen haben.

Ein Beispiel ist der Einsatz von Deep Learning-Algorithmen, die Krebsarten in frühen Stadien erkennen können, noch bevor Symptome auftreten. Dies könnte die Früherkennung von Krebs revolutionieren und somit die Überlebensraten signifikant steigern.

2. Personalisierte Medizin und Behandlung

Ein weiterer Bereich, in dem KI eine entscheidende Rolle spielen wird, ist die personalisierte Medizin. Hierbei werden Behandlungspläne speziell auf den einzelnen Patienten abgestimmt, unter Berücksichtigung seiner genetischen Prädispositionen, Lebensgewohnheiten und anderer individueller Faktoren. KI-Algorithmen können dabei helfen, die riesige Menge an genetischen, medizinischen und persönlichen Daten zu analysieren, um die am besten geeigneten Therapieansätze zu identifizieren.

Durch den Einsatz von KI bei der Medikamentenentwicklung wird die Forschung schneller und gezielter. KI kann helfen, vielversprechende Medikamentenkandidaten zu identifizieren, die in traditionellen Forschungsprozessen möglicherweise übersehen worden wären.

3. Roboterchirurgie und Assistenzsysteme

Ein weiteres Beispiel für den Einsatz von KI im Gesundheitswesen ist die Roboterchirurgie. Durch den Einsatz von Robotern, die durch KI gesteuert werden, können Operationen mit einer nie dagewesenen Präzision durchgeführt werden. Dies kann zu schnelleren Heilungsprozessen, weniger Komplikationen und verkürzten Krankenhausaufenthalten führen.

Assistenzsysteme, die von KI betrieben werden, unterstützen medizinisches Personal bei der Verwaltung von Patientenakten, der Medikamentenverabreichung und anderen administrativen

Aufgaben, sodass Ärzte sich mehr auf die Behandlung ihrer Patienten konzentrieren können.

4. Ethische Herausforderungen und Datenschutz

Trotz all der Vorteile, die KI im Gesundheitswesen bieten kann, gibt es auch erhebliche ethische und datenschutzrechtliche Herausforderungen. Die Nutzung von persönlichen Gesundheitsdaten für KI-gestützte Analysen erfordert strenge Datenschutzvorkehrungen, um sicherzustellen, dass die Privatsphäre der Patienten gewahrt bleibt. Zudem stellt sich die Frage, inwiefern es moralisch vertretbar ist, Entscheidungen über die Gesundheit eines Menschen von einer Maschine treffen zu lassen.

Es wird entscheidend sein, dass der Einsatz von KI in der Medizin nicht nur den technologischen Fortschritt fördert, sondern auch ethischen Standards folgt, um das Vertrauen der Patienten zu erhalten.

KAPITEL 20: KI UND DER ARBEITSPLATZ DER ZUKUNFT: AUTOMATISIERUNG UND MENSCHLICHE ZUSAMMENARBEIT

Die Automatisierung durch KI wird auch die Art und Weise, wie wir arbeiten, in den kommenden Jahren grundlegend verändern. Viele Aufgaben, die heute noch von Menschen erledigt werden, werden künftig von Maschinen übernommen. Doch die Auswirkungen auf den Arbeitsmarkt sind nicht ausschließlich negativ – es entstehen auch neue Berufsfelder und Möglichkeiten der Zusammenarbeit zwischen Mensch und Maschine.

1. Automatisierung von Routineaufgaben

Ein klarer Trend ist die Automatisierung von Routineaufgaben. Dies betrifft vor allem Berufe, die auf sich wiederholende Prozesse angewiesen sind, wie etwa in der Fertigung, der Logistik oder auch in Bereichen der Verwaltung. Künstliche Intelligenz wird hier eine wichtige Rolle spielen, indem sie Prozesse wie Datenanalyse, Rechnungsstellung, E-Mail-Verwaltung oder

Kundendienstanfragen übernimmt.

Durch die Automatisierung dieser Aufgaben werden Menschen in der Lage sein, sich auf kreativere und wertvollere Tätigkeiten zu konzentrieren, die eine emotionale Intelligenz, Kreativität und kritisches Denken erfordern – Fähigkeiten, die Maschinen (noch) nicht besitzen.

2. Neue Arbeitsfelder durch KI

Obwohl die Automatisierung viele traditionelle Berufe obsolet machen wird, entstehen durch den technologischen Fortschritt auch viele neue Berufsmöglichkeiten. Zu den zukünftigen Arbeitsplätzen gehören vor allem Rollen wie KI-Trainer, Datenanalysten, Robotertechniker oder Automatisierungsberater. Diese Berufe erfordern spezialisierte Technologiekenntnisse, und es wird eine verstärkte Weiterbildung erforderlich sein, um den Arbeitsmarkt auf die neuen Gegebenheiten vorzubereiten.

Der Technologiewandel wird dazu führen, dass der Bildungssektor eine Schlüsselrolle spielen muss, um Arbeitnehmer auf die neuen Anforderungen vorzubereiten. Weiterbildungsmaßnahmen und Umschulungen müssen integraler Bestandteil des Arbeitsmarkts der Zukunft sein.

3. Zusammenarbeit von Mensch und Maschine

Die Zukunft der Arbeit wird nicht nur von Maschinen bestimmt, sondern von einer engen Zusammenarbeit zwischen Mensch und KI. KI kann als Werkzeug und Erweiterung der menschlichen Fähigkeiten fungieren. Statt den Menschen zu ersetzen, wird KI zunehmend als Partner in der Arbeitswelt agieren. In vielen Fällen wird es nicht um einen Wettbewerb zwischen Mensch und Maschine gehen, sondern um eine Kooperation, bei der beide voneinander profitieren.

In der Praxis könnte dies zum Beispiel so aussehen: Ein Architekt nutzt KI, um verschiedene Design-Optionen für ein Gebäude zu testen, während er gleichzeitig seine kreativen und innovativen Ideen einbringt. Der Verkaufsleiter verwendet KI, um Markttrends vorherzusagen, trifft aber die entscheidenden Entscheidungen über die Marketingstrategie.

4. Chancen und Risiken der KI für die Arbeitswelt

Trotz der Chancen gibt es auch Risiken. Der Arbeitsmarkt könnte in den kommenden Jahren zunehmend polarisieren: Hochqualifizierte Arbeitskräfte werden weiterhin nachgefragt werden, während weniger qualifizierte Arbeitsplätze durch die Automatisierung verloren gehen könnten. Dies könnte zu sozialer Ungleichheit führen, wenn nicht rechtzeitig Maßnahmen ergriffen werden, um die betroffenen Menschen zu unterstützen.

Deshalb ist es wichtig, dass Gesellschaften Strategien entwickeln, um die negative Auswirkungen der Automatisierung abzumildern. Löhne, soziale Absicherungssysteme und Bildungseinrichtungen müssen so gestaltet werden, dass sie den Arbeitnehmern in der Übergangszeit helfen können.

KAPITEL 21:
KI UND DIE VERÄNDERUNG DES KONSUMVERHALTENS

Künstliche Intelligenz verändert nicht nur die Art und Weise, wie wir arbeiten, sondern auch, wie wir konsumieren. Der Einsatz von KI im E-Commerce, in empfehlungsbasierten Systemen und in der Produktentwicklung wird die Konsumgewohnheiten und die Beziehung zwischen Unternehmen und Verbrauchern tiefgreifend verändern.

1. Personalisierte Einkaufserlebnisse

Ein großer Vorteil von KI im Konsumverhalten ist die Personalisierung von Einkäufen. E-Commerce-Unternehmen wie Amazon und Netflix nutzen KI-Algorithmen, um Empfehlungen zu geben, die auf dem früheren Verhalten des Nutzers basieren. Diese Empfehlungssysteme analysieren das Kaufverhalten und die Vorlieben der Kunden, um ihnen Produkte und Dienstleistungen vorzuschlagen, die sie wahrscheinlich interessieren.

Dies führt zu einer stärkeren Individualisierung des Einkaufserlebnisses, was den Verbrauchern hilft, schneller die Produkte zu finden, die ihren Bedürfnissen entsprechen. Aber auch die Werbung wird zunehmend personalisiert: KI kann gezielt

Anzeigen auf Nutzer ausrichten, basierend auf deren früheren Aktivitäten, Standorten und Interessen.

2. Vorhersagen und bedarfsgerechte Produktion

Durch den Einsatz von Big Data und KI können Unternehmen eine genauere Vorhersage darüber treffen, welche Produkte in welcher Region nachgefragt werden. Unternehmen können dadurch ihre Produktions- und Lieferketten besser auf den Bedarf der Konsumenten abstimmen. Dies führt zu einer effizienteren Nutzung von Ressourcen und einer Verringerung von Überproduktion und Abfall.

Ein weiteres Beispiel für den Einsatz von KI in der Produktentwicklung ist die Optimierung von Produktdesigns. KI kann Unternehmen dabei unterstützen, die Bedürfnisse und Vorlieben von Kunden in den Entwicklungsprozess zu integrieren, um Produkte zu schaffen, die mit höherer Wahrscheinlichkeit erfolgreich sind.

3. Automatisierte Dienstleistungen und Chatbots

KI verändert auch die Art und Weise, wie Unternehmen mit ihren Kunden interagieren. Viele Unternehmen setzen Chatbots und virtuelle Assistenten ein, um Anfragen zu beantworten und Kundensupport zu leisten. Diese KI-gesteuerten Systeme können rund um die Uhr verfügbar sein und schnelle Antworten auf häufig gestellte Fragen liefern, wodurch der Service effizienter und kostengünstiger wird.

KI kann auch in Gesprächs- und Verkaufsprozessen eingesetzt werden, um Kunden zu beraten und ihnen zu helfen, Entscheidungen zu treffen. Dies wird insbesondere in Bereichen wie dem Online-Handel oder der Finanzberatung immer häufiger angewendet.

4. Ethik der personalisierten Werbung und Datenverwertung

Während personalisierte Angebote und Werbung für den Verbraucher von Vorteil sein können, wirft der Einsatz von KI und Daten in der Werbung auch erhebliche ethische Fragen auf. Die Datenschutzbedenken und die Überwachung des Konsumverhaltens sind Themen, die zunehmend die öffentliche Diskussion bestimmen.

Es stellt sich die Frage, wie viel persönliche Daten Unternehmen sammeln dürfen und wie diese Daten verarbeitet werden. Werden die Verbraucher zu stark beeinflusst oder manipuliert? Wird der privaten Autonomie zu viel Raum genommen, wenn Unternehmen immer genauere Profile ihrer Konsumenten erstellen?

KAPITEL 22: KI IN DER BILDUNG: NEUE LERNMETHODEN UND HERAUSFORDERUNGEN

Bildung ist ein Bereich, in dem der Einsatz von KI das Potenzial hat, das Lernen und Lehren grundlegend zu verändern. Vom individualisierten Lernen bis hin zu intelligenten Lehrsystemen – KI kann Lehrkräfte entlasten, den Lernprozess für Schüler und Studenten verbessern und eine personalisierte Lernumgebung schaffen.

1. Personalisierung des Lernens

Ein großes Potenzial von KI im Bildungswesen liegt in der Individualisierung des Lernens. Jeder Schüler hat unterschiedliche Lernbedürfnisse und -geschwindigkeiten, und KI kann dabei helfen, maßgeschneiderte Lernpläne zu erstellen. Adaptive Lernsysteme sind in der Lage, die Fortschritte eines Schülers zu überwachen und Inhalte anzupassen, um auf seine spezifischen Stärken und Schwächen einzugehen.

Solche Systeme können es auch ermöglichen, dass Schüler in ihrem eigenen Tempo lernen, ohne dass sie mit dem Rest der Klasse mithalten müssen. Diese Form des selbstgesteuerten Lernens könnte insbesondere für hochbegabte Schüler oder Schüler mit Lernschwierigkeiten von großem Nutzen sein.

2. Automatisierung von Verwaltungsaufgaben

KI kann auch im Bereich der Verwaltung von Bildungseinrichtungen eine Rolle spielen. Aufgaben wie Notenverwaltung, Prüfungsplanung oder die Verwaltung von Stundenplänen können durch den Einsatz von KI deutlich effizienter und fehlerfreier organisiert werden. Dies könnte den Lehrkräften mehr Zeit für die eigentliche Unterrichtsarbeit und Schülerbetreuung verschaffen.

Ein weiteres Beispiel für den Einsatz von KI in Schulen ist die Sprachübersetzung. KI-gestützte Übersetzungstools können es ermöglichen, dass Schüler aus unterschiedlichen Ländern mit verschiedenen Sprachhintergründen leichter miteinander kommunizieren und besser in den Unterricht integriert werden.

3. Virtuelle Lehrer und Lernassistenten

KI-gesteuerte virtuelle Assistenten oder Lehrkräfte können Schülern helfen, Fragen zu stellen und zusätzliche Hilfe zu erhalten, ohne dass immer ein menschlicher Lehrer erforderlich ist. Diese KI-Systeme sind rund um die Uhr verfügbar und können Schülern in Echtzeit helfen, wenn sie Schwierigkeiten mit bestimmten Konzepten oder Aufgaben haben.

Einige Unternehmen entwickeln bereits KI-basierte Lernplattformen, die vollständig darauf ausgelegt sind, den gesamten Lernprozess zu unterstützen. Diese Plattformen können Lernmodule bereitstellen, Prüfungen durchführen und den Lernfortschritt der Schüler verfolgen.

4. Ethische Fragen und Herausforderungen

Während der Einsatz von KI im Bildungswesen viele Vorteile bietet, gibt es auch Herausforderungen und ethische Bedenken. Die Frage des Datenschutzes ist hierbei besonders wichtig, da Schülerdaten besonders sensibel sind. Es muss sichergestellt werden, dass diese Daten nicht missbraucht werden und dass KI-Systeme nur mit den Informationen arbeiten, die für den Lernprozess erforderlich sind.

Ein weiteres Problem könnte die Verdrängung von Lehrkräften sein, wenn KI-gesteuerte Systeme zunehmend in den Unterricht integriert werden. Es bleibt abzuwarten, wie sich die Rolle des menschlichen Lehrers in einer zunehmend von Technologie geprägten Bildungslandschaft verändern wird.

KAPITEL 23: KI IN DER KUNST: DER EINFLUSS AUF DIE KREATIVE BRANCHE

Künstliche Intelligenz hat auch die Kunstwelt erobert. Vom Musikkomponieren bis zur Malerei und sogar der Literaturproduktion: KI hat neue Möglichkeiten eröffnet, wie Kunst erschaffen werden kann. Doch was bedeutet dies für die Kreativität und die Rolle des menschlichen Künstlers?

1. Generative Kunst durch KI

Ein Bereich, in dem KI zunehmend eingesetzt wird, ist die generative Kunst. Künstliche Intelligenz kann dazu verwendet werden, neue Bilder, Skulpturen und Musik zu erschaffen, die entweder völlig eigenständig oder in Zusammenarbeit mit menschlichen Künstlern entstehen. Programme wie DeepDream von Google oder DALL-E von OpenAI zeigen, wie Algorithmen die Grenze zwischen menschlicher und maschineller Kreativität verschwimmen lassen können.

Künstler können KI als Werkzeug nutzen, um neue Ideen zu entwickeln oder bestehende Kunstwerke zu verändern. Manche sehen die KI als Kollaborationspartner, während andere skeptischer sind und befürchten, dass sie die authentische menschliche Kreativität untergräbt.

2. Musikproduktion durch Künstliche Intelligenz

Auch in der Musikindustrie hat KI Einzug gehalten. Programme wie Aiva oder Amper Music nutzen KI, um Musik zu komponieren, die den Stil eines bestimmten Genres oder Künstlers imitiert. Musiker können KI verwenden, um neue Melodien zu generieren oder um bestehende Stücke zu verbessern.

Ein interessantes Beispiel ist der Musikgenerator Jukedeck, der es Nutzern ermöglicht, Musik in wenigen Minuten zu erstellen, die für verschiedene Medienprojekte verwendet werden kann. Dies ermöglicht es Künstlern und Produzenten, schnell und kostengünstig neue Musik zu erzeugen, ohne dabei auf teure Komponisten angewiesen zu sein.

KAPITEL 24: KI UND DAS MENSCHLICHE VERHALTEN: PSYCHOLOGISCHE AUSWIRKUNGEN UND HERAUSFORDERUNGEN

Der Einsatz von Künstlicher Intelligenz beeinflusst nicht nur die Art und Weise, wie wir arbeiten, lernen und konsumieren, sondern auch unser psychologisches Wohlbefinden und unser Verhalten. Die Interaktion mit KI-Systemen kann tiefgreifende Auswirkungen auf unsere Selbstwahrnehmung, sozialen Beziehungen und die Art und Weise haben, wie wir uns in der Welt orientieren.

1. Veränderung der menschlichen Identität

Ein zentraler Aspekt der psychologischen Auswirkungen von KI ist die Frage, wie sich der Mensch im Zeitalter der Maschinen selbst wahrnimmt. Wenn Maschinen Aufgaben übernehmen, die früher von Menschen erledigt wurden, und sogar in

Bereichen wie Kreativität und Emotionserkennung menschliche Fähigkeiten übertreffen, könnte dies das Selbstbild des Menschen beeinflussen.

Wird der Mensch in einer Welt, in der Maschinen immer leistungsfähiger werden, seine Einzigartigkeit und Bedeutung infrage stellen? Diese existenziellen Fragen könnten zu einem Wertverlust des menschlichen Beitrags führen, was psychische Belastungen verursachen kann. Gleichzeitig könnte der Mensch jedoch auch von der Möglichkeit profitieren, sich auf die Entwicklung von kreativen und emotionalen Fähigkeiten zu konzentrieren, die Maschinen (noch) nicht nachahmen können.

2. Die Auswirkungen auf soziale Beziehungen

Die Art und Weise, wie wir mit anderen Menschen interagieren, könnte sich ebenfalls verändern, wenn KI immer präsenter wird. Schon jetzt gibt es virtuelle Assistenten und soziale Roboter, die als Begleiter für ältere Menschen oder Menschen mit sozialen Ängsten dienen. Diese Roboter können Gespräche führen, einfache Aufgaben erledigen und sogar emotionale Unterstützung bieten.

Doch die Frage bleibt, wie sich diese Entwicklung auf echte zwischenmenschliche Beziehungen auswirkt. Wenn Menschen zunehmend mit Maschinen kommunizieren, könnte dies zu einer Entfremdung von anderen Menschen führen. Es besteht die Gefahr, dass soziale Isolation zunimmt, wenn Maschinen als substituierende Begleiter an die Stelle echter menschlicher Interaktionen treten.

3. Psychologische Anpassung an KI-Technologien

Menschen müssen lernen, mit KI-gesteuerten Systemen in ihrem Alltag umzugehen, was zu einer Vielzahl von psychologischen

Herausforderungen führen kann. Besonders die Älteren und weniger technikaffinen Menschen könnten Schwierigkeiten haben, sich mit der Technologie anzufreunden. Hier kommt es darauf an, KI so zu gestalten, dass sie benutzerfreundlich und zugänglich für alle Bevölkerungsgruppen bleibt.

Zudem könnte die ständige Verfügbarkeit von KI und deren Einfluss auf die Entscheidungsfindung zu einer Reduktion der Selbstwirksamkeit führen, bei der Menschen sich immer weniger in der Lage fühlen, eigene Entscheidungen zu treffen und ihr Leben aktiv zu gestalten. Dies könnte zu einer Form der Abhängigkeit führen, bei der Menschen sich immer stärker auf KI verlassen, anstatt ihre eigenen Fähigkeiten zu entwickeln.

4. Forderung nach ethischen Standards und Schutz der psychischen Gesundheit

Angesichts dieser Herausforderungen wird es zunehmend wichtig, dass der Einsatz von KI unter ethischen Gesichtspunkten überprüft wird. Die psychische Gesundheit der Nutzer sollte immer im Fokus stehen. Es bedarf eines ethischen Rahmens, der sicherstellt, dass KI-Systeme nicht ausgenutzt werden, um das Verhalten der Menschen negativ zu beeinflussen oder sie in eine Form der psychischen Abhängigkeit zu treiben.

Ein weiteres Thema, das berücksichtigt werden muss, ist die Privatsphäre und der Schutz persönlicher Daten. KI-Systeme, die emotionale Zustände überwachen oder mit Nutzern interagieren, müssen sicherstellen, dass die gesammelten Daten nicht missbraucht werden und dass die Nutzer jederzeit die Kontrolle über ihre Informationen haben.

KAPITEL 25: KI IN DER MOBILITÄT: DIE ZUKUNFT DES VERKEHRS

Die Automatisierung der Mobilität durch autonome Fahrzeuge und KI-unterstützte Verkehrssteuerungssysteme wird die Art und Weise, wie wir uns fortbewegen, revolutionieren. Selbstfahrende Autos, intelligente Verkehrssysteme und vernetzte Infrastruktur werden nicht nur die Sicherheit auf den Straßen verbessern, sondern auch den Verkehrsfluss optimieren und zur Reduzierung von Umweltbelastungen beitragen.

1. Autonome Fahrzeuge: Die Zukunft der Mobilität

Eine der größten Veränderungen in der Verkehrsbranche ist die Einführung von autonomen Fahrzeugen. KI ermöglicht es Autos, ohne menschliche Hilfe zu fahren, indem sie Sensoren, Kameras und Radar nutzen, um ihre Umgebung zu analysieren und sicher durch den Verkehr zu navigieren. Dies hat das Potenzial, die Verkehrssicherheit erheblich zu verbessern, indem menschliche Fehler, die häufig zu Unfällen führen, reduziert werden.

Autonome Fahrzeuge könnten auch die Mobilität für ältere Menschen oder Menschen mit Beeinträchtigungen erheblich verbessern, indem sie die Notwendigkeit, selbst zu fahren, eliminieren. Zudem könnte der Übergang zu selbstfahrenden Autos den Verkehr effizienter und schneller gestalten, da die Fahrzeuge besser miteinander kommunizieren und Staus minimieren könnten.

2. Vernetzte Verkehrsinfrastruktur

Neben autonomen Fahrzeugen wird auch die Verkehrsinfrastruktur zunehmend von Künstlicher Intelligenz profitieren. Smart Cities nutzen bereits heute KI, um den Verkehr in Echtzeit zu überwachen und die Verkehrsflüsse in urbanen Gebieten zu steuern. Intelligente Ampeln und Verkehrsleitsysteme, die durch KI gesteuert werden, können den Verkehrsfluss optimieren und so Staus und Unfälle reduzieren.

Ein weiteres Beispiel für die Nutzung von KI im Verkehr ist die optimierte Routenplanung. Durch die Analyse von Echtzeit-Verkehrsdaten können KI-Systeme dem Fahrer oder der autonomen Fahrzeugflotte die besten Routen vorschlagen, um Staus zu umgehen und die Fahrtzeit zu minimieren.

3. Herausforderungen und Risiken im Bereich Mobilität

Trotz der vielen Vorteile gibt es auch Herausforderungen bei der Einführung autonomer Fahrzeuge und intelligenter Verkehrssysteme. Ein großes Problem ist die Sicherheit: Wie sicher können selbstfahrende Autos sein, wenn sie mit menschlichen Fahrern auf der Straße interagieren müssen? Und wie wird sichergestellt, dass die KI-Systeme in den Fahrzeugen keine Fehlentscheidungen treffen, die zu Unfällen führen könnten?

Ein weiteres Problem ist die ethische Verantwortung: Wer ist verantwortlich, wenn ein autonomes Fahrzeug in einen Unfall verwickelt ist? Sollte die Haftung bei den Entwicklern der KI, dem Hersteller des Fahrzeugs oder dem Fahrzeugbesitzer liegen? Solche rechtlichen Fragen müssen in Zukunft geklärt werden.

KAPITEL 26: DIE KI VON MORGEN: VISIONEN FÜR DIE ZUKUNFT

Die Zukunft der Künstlichen Intelligenz ist von vielen Fragen und Spekulationen begleitet. Während die heutige Technologie in vielen Bereichen bereits bahnbrechende Veränderungen mit sich bringt, sind die Möglichkeiten für die Zukunft nahezu grenzenlos. Doch mit der technologischen Weiterentwicklung kommen auch neue ethische, gesellschaftliche und wirtschaftliche Herausforderungen, die bedacht werden müssen.

1. KI in der Quantencomputing-Ära

Eine der vielversprechendsten Entwicklungen in der Zukunft ist die Verbindung von Künstlicher Intelligenz mit Quantencomputern. Quantencomputing hat das Potenzial, Probleme zu lösen, die mit herkömmlichen Computern kaum zu bewältigen sind, insbesondere in Bereichen wie Kryptografie, Datenverarbeitung und Medizin.

Die Kombination von KI und Quantencomputing könnte zu völlig neuen Kreativitätstechniken führen und sogar Weltprobleme wie den Klimawandel mit der Analyse riesiger Datenmengen lösen. Doch auch hier sind viele technologische, ethische und sicherheitsrelevante Fragen zu klären, bevor die Quanten-KI in großem Maßstab eingesetzt werden kann.

2. KI und die Verschmelzung von Mensch und Maschine

Ein weiteres Zukunftsszenario, das viele Experten beschäftigen wird, ist die zunehmende Verschmelzung von Mensch und Maschine. Durch Technologien wie Brain-Computer-Interfaces (BCIs) könnten Menschen ihre eigenen biologischen Grenzen überwinden und mit Maschinen direkt kommunizieren, ohne auf traditionelle Eingabemethoden wie Tastaturen oder Bildschirme angewiesen zu sein.

Diese Technologie könnte es dem Menschen ermöglichen, Gedanken in digitale Befehle umzusetzen, was die Art und Weise, wie wir mit Computern und KI interagieren, revolutionieren würde. Allerdings müssen auch hier ethische Überlegungen angestellt werden, insbesondere hinsichtlich der Privatsphäre und der Kontrolle über persönliche Gedanken.

KAPITEL 27: KI UND DIE ZUKUNFT DER ARBEIT: AUTOMATISIERUNG UND NEUE BERUFSFELDER

Die Einführung von Künstlicher Intelligenz wird die Arbeitswelt und die Berufsbilder der Zukunft erheblich verändern. Während einige Berufe durch die Automatisierung verloren gehen könnten, werden auch neue Tätigkeitsfelder entstehen, die mit der Entwicklung und Integration von KI zusammenhängen. In diesem Kapitel schauen wir uns an, wie die Arbeitswelt sich entwickeln könnte und welche Auswirkungen dies auf die Gesellschaft hat.

1. Verdrängung und Schaffung von Arbeitsplätzen

Die weit verbreitete Automatisierung von Prozessen, die durch KI ermöglicht wird, wird in einigen Bereichen zu Jobverlusten führen. Besonders Routineaufgaben, wie sie in der Industrie, im Transportwesen oder in Call-Centern vorkommen, sind besonders anfällig für Automatisierung. Roboter und autonome Maschinen werden diese Aufgaben effizienter und schneller erledigen können als Menschen.

Allerdings entstehen durch die Technologie auch neue Arbeitsplätze. Bereiche wie KI-Entwicklung, Datenwissenschaft und Ethikberatung werden zunehmend nachgefragt. Auch die Wartung und Überwachung von KI-Systemen wird zu einem wichtigen Berufsfeld. Menschen müssen sich in Zukunft stärker auf kreative, technologische und emotionale Fähigkeiten konzentrieren, um auf die Anforderungen einer KI-gesteuerten Wirtschaft vorbereitet zu sein.

2. Veränderung der Arbeitsweise: Flexibilität und Remote-Arbeit

Ein weiterer Aspekt der KI, der die Arbeitswelt verändert, ist die zunehmende Flexibilität. KI-gestützte Tools und Plattformen ermöglichen es, dass viele Arbeiten von zu Hause oder in dezentralen Teams ausgeführt werden können. Dies wird die Arbeitszeiten und die Arbeitsweise flexibilisieren. Immer mehr Menschen werden in der Lage sein, ihren Beruf von überall aus zu erledigen, ohne an einen festen Arbeitsplatz gebunden zu sein.

Zudem könnten KI-Tools wie virtuelle Assistenten, Projektmanagement-Software und automatisierte Kommunikation dabei helfen, den Arbeitsalltag effizienter zu gestalten und den Bürokratieaufwand zu minimieren.

3. Berufsorientierung und Weiterbildung im digitalen Zeitalter

Im Hinblick auf die Zukunft der Arbeit wird es für Arbeitnehmer zunehmend wichtig, sich weiterzubilden und neue Fähigkeiten zu erlernen. In einer Welt, in der KI und Automatisierung viele traditionelle Arbeitsplätze ersetzen, wird der Umgang mit Technologie zu einer Schlüsselqualifikation.

Berufsberater und Bildungsinstitutionen werden künftig vermehrt auf die Bedeutung der digitale Kompetenzen hinweisen müssen. Insbesondere Fähigkeiten wie Programmieren, Datenanalyse, KI-Integration und Ethik im digitalen Bereich werden gefragt sein. Der kontinuierliche Lebenslange Lernprozess wird für Arbeitnehmer zur Notwendigkeit, um in einer sich ständig verändernden Arbeitswelt konkurrenzfähig zu bleiben.

KAPITEL 28:
KI UND DAS
GESUNDHEITSWESEN:
MEDIZIN DER
ZUKUNFT

Die medizinische Versorgung wird sich durch den Einsatz von Künstlicher Intelligenz revolutionieren. KI kann nicht nur die Diagnostik und Behandlung von Krankheiten verbessern, sondern auch den gesamten Gesundheitssektor effizienter und zugänglicher machen. In diesem Kapitel werfen wir einen Blick auf die Anwendung von KI in der Medizin und was sie für die Patienten von morgen bedeuten könnte.

1. Früherkennung und Diagnostik durch KI

Ein Bereich, in dem KI bereits heute enorme Fortschritte erzielt, ist die Früherkennung von Krankheiten. Algorithmen, die auf Künstlicher Intelligenz basieren, können medizinische Bilder wie Röntgenaufnahmen, CT-Scans und MRT-Bilder analysieren, um Anomalien oder Anzeichen von Krankheiten zu erkennen, die für das menschliche Auge schwer erkennbar sind. Diese KI-Systeme können in Sekundenbruchteilen Ergebnisse liefern und den Ärzten dabei helfen, Fehldiagnosen zu vermeiden.

Die Früherkennung von Krankheiten wie Krebs, Herz-Kreislauf-

Erkrankungen oder Neurologischen Störungen kann die Heilungschancen der Patienten erheblich verbessern und die Lebensqualität erhöhen. KI-gestützte Diagnosewerkzeuge bieten zudem den Vorteil, dass sie auch in Gebieten mit begrenztem Zugang zu spezialisierten Ärzten eingesetzt werden können.

2. Personalisierte Medizin und Behandlung

Ein weiterer Vorteil von KI im Gesundheitswesen ist die personalisierte Medizin. Durch die Analyse von Genomdaten, Lebensstilfaktoren und medizinischen Historien von Patienten kann KI dazu beitragen, maßgeschneiderte Behandlungspläne zu entwickeln. So wird es möglich, nicht nur allgemeinere, sondern individuell abgestimmte Therapien zu verschreiben, die auf die spezifischen Bedürfnisse jedes einzelnen Patienten zugeschnitten sind.

Besonders im Bereich der Krebstherapie und Genmedizin können KI-gestützte Systeme dabei helfen, präzise Medikamente zu entwickeln, die die Wirksamkeit erhöhen und Nebenwirkungen minimieren.

3. Robotik und Chirurgie

In der Chirurgie hat die Robotik bereits Einzug gehalten, und KI spielt eine entscheidende Rolle bei der Steuerung von Roboterchirurgen. Diese Technologien ermöglichen präzisere Eingriffe, die weniger invasiv sind und schnellere Heilungsprozesse ermöglichen. Chirurgen können KI-unterstützte Systeme nutzen, um detaillierte 3D-Modelle von Organen zu erstellen und Operationen mit höherer Genauigkeit durchzuführen.

Ein weiterer Vorteil der KI in der Chirurgie ist, dass Operationen aus der Ferne durchgeführt werden können. Telemedizin und robotergestützte Chirurgie ermöglichen es Ärzten, Patienten an anderen Orten zu behandeln, was besonders in Krisengebieten oder abgelegenen Regionen von Vorteil ist.

4. Gesundheitsmanagement und Pflege

Auch im Bereich der Pflege hat KI das Potenzial, die Qualität der Versorgung zu verbessern. Pflege-Roboter und KI-gestützte Assistenzsysteme können älteren Menschen oder Patienten mit körperlichen Beeinträchtigungen helfen, ihren Alltag selbstständig zu bewältigen. Diese Technologien können etwa bei der Mobilität, der Medikamentenverwaltung und der Überwachung der Vitalfunktionen unterstützen.

KI kann zudem dabei helfen, den Pflegeaufwand zu reduzieren und Pflegekräfte zu entlasten, indem sie administrative Aufgaben übernimmt oder den Pflegebedarf automatisch erfasst und daraufhin den optimalen Pflegeplan erstellt.

5. Ethik und Datenschutz im Gesundheitswesen

Obwohl KI im Gesundheitswesen viele Vorteile bietet, gibt es auch hier ethische Bedenken. Datenschutz und die Sicherheit der Patientendaten sind in diesem Bereich besonders wichtig. KI-Systeme müssen sicherstellen, dass die gesammelten Daten vertrauensvoll und sicher behandelt werden, und dass die Privatsphäre der Patienten gewahrt bleibt.

Zudem stellt sich die Frage, wie viel Einfluss und Kontrolle Patienten über ihre gesundheitsbezogenen Daten haben sollten, wenn diese von KI-Systemen verarbeitet werden. Es müssen klare ethische Standards etabliert werden, um sicherzustellen, dass KI im Gesundheitswesen im besten Interesse der Patienten handelt.

KAPITEL 29: KI IN DER UMWELT: LÖSUNGEN FÜR EINE NACHHALTIGERE ZUKUNFT

Im Kampf gegen den Klimawandel und für den Schutz der Umwelt kann Künstliche Intelligenz ebenfalls eine wichtige Rolle spielen. Durch den Einsatz von KI in verschiedenen Bereichen wie Energie, Landwirtschaft, Abfallwirtschaft und Naturschutz könnten wir nicht nur effizienter mit Ressourcen umgehen, sondern auch neue Nachhaltigkeitslösungen entwickeln.

1. Energieeffizienz und Smart Grids

Ein großer Bereich, in dem KI helfen kann, ist die Energieeffizienz. Smart Grids, die KI nutzen, können den Energieverbrauch in Echtzeit überwachen und regulieren, um den Energiebedarf besser mit der Produktion von erneuerbaren Energien wie Solar- oder Windkraft in Einklang zu bringen. KI kann dabei helfen, die Energieverteilung zu optimieren und den Verbrauch zu steuern, sodass keine Ressourcen verschwendet werden.

Durch den intelligente Einsatz von KI könnten wir auch die Nutzung von Elektrofahrzeugen und batteriebetriebenen

Systemen effizienter gestalten und die CO_2-Emissionen weiter reduzieren.

KAPITEL 30: KI IN DER LANDWIRTSCHAFT: VON PRÄZISIONSANBAU BIS NACHHALTIGER PRODUKTION

In der Landwirtschaft wird der Einsatz von Künstlicher Intelligenz eine entscheidende Rolle spielen, um Nahrungsmittelproduktion effizienter, nachhaltiger und umweltfreundlicher zu gestalten. KI-gestützte Technologien können Landwirten helfen, Erträge zu steigern, Ressourcen zu sparen und die Bodenqualität zu verbessern, während gleichzeitig Umweltschutz und Nachhaltigkeit gefördert werden.

1. Präzisionslandwirtschaft: Effizienter Einsatz von Ressourcen

Die Präzisionslandwirtschaft nutzt KI und Datenanalyse, um den Anbau von Pflanzen zu optimieren. Hierzu werden Drohnen, Sensoren und Bodenanalysen verwendet, um genau zu bestimmen, welche Felder, Pflanzen oder Pflanzenabschnitte mehr Wasser, Nährstoffe oder Schutz benötigen. KI-Systeme analysieren diese Daten und schlagen den Landwirten maßgeschneiderte Lösungen vor, die die Ernteerträge verbessern und gleichzeitig den Einsatz von Düngemitteln und Pestiziden minimieren.

Durch die automatische Analyse von Wetterbedingungen, Bodenfeuchtigkeit und anderen Faktoren können Landwirte die Bewässerung, Pflanzenschutzmaßnahmen und sogar den Zeitpunkt der Ernte optimieren. Dies führt zu einer höheren Erntequalität und verringert den Ressourcenverbrauch.

2. Roboter in der Landwirtschaft

Ein weiterer Bereich, in dem KI zur Revolutionierung der Landwirtschaft beiträgt, ist der Einsatz von Robotern. Autonome Erntemaschinen, Robotermäher und Düngemaschinen können den Arbeitsaufwand in der Landwirtschaft erheblich reduzieren. Diese Roboter können mit Hilfe von KI-gesteuerten Algorithmen den besten Zeitpunkt und die effizienteste Methode für die Ernte oder Pflege von Pflanzen ermitteln, wodurch die Produktivität gesteigert und der Arbeitseinsatz verringert wird.

Außerdem können Roboterarme und Autonome Traktoren die Bodenbearbeitung übernehmen und die Ernte mit hoher Präzision durchführen, wodurch Ressourcen wie Wasser und Dünger gezielt eingesetzt werden.

3. Nachhaltige Lebensmittelproduktion: Tierhaltung und Fischzucht

KI kann auch in der Tierhaltung und Fischzucht dabei helfen, die Nachhaltigkeit zu verbessern. In der Tierhaltung könnten KI-gestützte Systeme beispielsweise dabei helfen, den Futterbedarf genau zu berechnen und den Gesundheitszustand der Tiere zu überwachen, um den Einsatz von Antibiotika zu minimieren und die Tierwohlbedingungen zu verbessern.

In der Aquakultur könnte KI den Zustand der Wasserqualität überwachen und Empfehlungen zur Nahrungsergänzung oder Wasserpflege geben, sodass die Tiere gesünder aufwachsen und der Verbrauch von Ressourcen minimiert wird. Smart Farms könnten die Zuchtpraktiken verbessern und die Produktivität steigern, während gleichzeitig die Umweltbelastung reduziert wird.

KAPITEL 31: KI UND DAS BILDUNGSSYSTEM: WIE KÜNSTLICHE INTELLIGENZ DAS LERNEN VERÄNDERT

Die Bildung der Zukunft wird maßgeblich von der Künstlichen Intelligenz geprägt sein. Von der individualisierten Lernförderung bis hin zur Verwaltung von Bildungseinrichtungen – KI bietet die Möglichkeit, das Lernen und den Bildungsprozess effizienter und zielgerichteter zu gestalten.

1. Personalisierung des Lernens

Ein wichtiger Bereich, in dem KI das Bildungssystem revolutioniert, ist die Individualisierung des Lernens. Adaptive Lernplattformen können auf die individuellen Lernbedürfnisse und Fortschritte der Schüler eingehen und maßgeschneiderte Lernpläne entwickeln. KI-basierte Systeme können genau überwachen, wie gut ein Schüler in verschiedenen Bereichen abschneidet, und den Lernstoff dynamisch anpassen, sodass der Lernprozess optimal auf den jeweiligen Schüler abgestimmt wird.

So wird jeder Lernende mit den richtigen Materialien zur richtigen Zeit versorgt, sei es durch videos, interaktive Übungen oder Quizze, die auf seine Stärken und Schwächen abgestimmt sind.

2. KI im Unterricht: Unterstützung für Lehrer

Auch Lehrer können von der KI profitieren, indem sie administrative Aufgaben wie die Notenvergabe, die Überwachung des Lernfortschritts und die Planung von Lehrplänen automatisieren. KI kann die Effizienz und Präzision im Unterricht erhöhen und den Lehrkräften mehr Zeit für pädagogische Interaktion mit den Schülern verschaffen.

Darüber hinaus können KI-gestützte Systeme Lehrern dabei helfen, Lernmuster und Verhaltensweisen der Schüler zu analysieren und frühzeitig Problemfelder zu erkennen. Dies ermöglicht eine schnellere interventionistische Hilfe, bevor es zu großen Lernrückständen oder Problemen kommt.

3. Virtuelle und Augmented Reality im Unterricht

KI wird auch eine wichtige Rolle in der Entwicklung von virtuellen und erweiterten Realitäten im Bildungsbereich spielen. Durch den Einsatz von VR (Virtual Reality) und AR (Augmented Reality) können Schüler komplexe Konzepte und Theorien praktisch erleben und verstehen, indem sie in eine simulierte Welt eintauchen. Diese immersive Lernmethode wird den Schülern helfen, abstrakte Themen anschaulicher zu begreifen und ihr Wissen langfristig zu behalten.

4. Globale Lernplattformen und digitale Bildungszugänge

KI wird auch dazu beitragen, den Zugang zu Bildung weltweit zu demokratisieren. Durch digitale Bildungsplattformen können Schüler in abgelegenen Regionen auf qualitativ hochwertige Bildungsinhalte zugreifen, die in ihrer Region möglicherweise nicht verfügbar sind. KI-gestützte Übersetzungssoftware wird Sprachbarrieren überwinden und sicherstellen, dass Lerninhalte für Schüler weltweit zugänglich sind.

KAPITEL 32: KI IN DER KUNST: KREATIVITÄT DURCH MASCHINEN

Künstliche Intelligenz hat auch den Bereich der Kunst und Kreativität betreten. Durch die Fähigkeit von Maschinen, Musik, Gemälde, Literatur und Designs zu erschaffen, entstehen neue Perspektiven und Herausforderungen im kreativen Schaffensprozess.

1. Kreativität durch Algorithmen

Schon jetzt gibt es KI-Systeme, die Musik komponieren, Bilder malen oder Gedichte schreiben können. Diese Technologien haben das Potenzial, künstlerische Prozesse zu transformieren. Künstler können KI als Werkzeug verwenden, um neue Ideen zu entwickeln oder kreative Blockaden zu überwinden. Doch stellen sich auch Fragen zur Urheberschaft: Wer ist der wahre Schöpfer eines Kunstwerks – der Mensch, der die KI programmiert hat, oder die KI selbst?

2. KI als Partner in der kreativen Arbeit

In Zukunft könnte KI als kreativer Partner fungieren, der den Künstler unterstützt, anstatt ihn zu ersetzen. Indem sie menschliche Kreativität ergänzt, könnte KI dazu beitragen, neue künstlerische Formen zu schaffen und die Kunstwelt weiter zu bereichern. Die Zusammenarbeit zwischen Mensch und Maschine könnte die Grenzen des Möglichen erweitern und zu innovativen Kunstformen führen.

KAPITEL 33: ABSCHLIESSENDE GEDANKEN: DIE VERANTWORTUNG FÜR DIE ZUKUNFT MIT KÜNSTLICHER INTELLIGENZ

Die Entwicklung von Künstlicher Intelligenz birgt sowohl große Chancen als auch Herausforderungen. Sie hat das Potenzial, unsere Welt in nahezu allen Bereichen zu transformieren, sei es in der Medizin, der Bildung, der Arbeit oder der Umwelt. Doch diese Transformation erfordert eine verantwortungsbewusste Gestaltung und den Einsatz von KI, der die menschlichen Werte und die Wohlfahrt aller im Blick behält.

Es ist entscheidend, dass wir als Gesellschaft klare ethische Leitlinien entwickeln, die den fairen und gerechten Einsatz von KI sicherstellen und die Chancengleichheit wahren. Künstliche Intelligenz sollte nicht als Bedrohung, sondern als Werkzeug verstanden werden, das uns dabei hilft, eine bessere, gerechtere und nachhaltigere Zukunft zu schaffen.

Quellen- und Literaturverzeichnis

1. ***Russell, S., & Norvig, P. (2020).*** *Künstliche Intelligenz: Ein moderner Ansatz. 4. Auflage. Pearson Education.*
   - Ein grundlegendes Werk, das die theoretischen und praktischen Aspekte der Künstlichen Intelligenz umfassend behandelt. Es bietet eine tiefgehende Einführung in die wichtigsten Konzepte und Algorithmen der KI und ist für Fachleute und Studierende gleichermaßen geeignet.

2. ***Brynjolfsson, E., & McAfee, A. (2014).*** *The Second Machine Age: Work, Progress, and Prosperity in a Time of Brilliant Technologies. W.W. Norton & Company.*
   - In diesem Buch untersuchen die Autoren, wie Technologien wie KI die Arbeitswelt und Wirtschaft grundlegend verändern. Sie bieten eine fundierte Analyse der sozialen und wirtschaftlichen Auswirkungen der digitalen Revolution.

3. ***Tegmark, M. (2017).*** *Leben 3.0: Mensch sein im Zeitalter Künstlicher Intelligenz. Pantheon Verlag.*
   - Max Tegmark beleuchtet die langfristigen Möglichkeiten und Gefahren von KI. Dabei

geht es nicht nur um technische Aspekte, sondern auch um ethische Fragen, die die Entwicklung von Künstlicher Intelligenz betreffen.

4. *Haenlein, M., Kaplan, A., & Tan, B. (2019). Artificial Intelligence in Practice: Implications for Business and Society. Springer.*
   - Dieses Buch bietet einen praxisorientierten Blick auf die Anwendung von KI in verschiedenen Industrien und stellt dar, wie Unternehmen und Gesellschaften sich auf den technologischen Wandel vorbereiten können.

5. *Müller, V. C. (2016). Künstliche Intelligenz: Eine Einführung. Springer Vieweg.*
   - Ein kompaktes und verständliches Werk, das sowohl die technischen Grundlagen als auch die gesellschaftlichen Fragestellungen der KI behandelt. Es bietet eine hervorragende Einführung in die Kernkonzepte und die Geschichte der Künstlichen Intelligenz.

6. *Binns, R. (2018). Ethics of Artificial Intelligence and Robotics. Stanford Encyclopedia of Philosophy.*
   - Dieser Artikel aus der Stanford Encyclopedia of Philosophy gibt einen Überblick über die ethischen Überlegungen, die mit der Entwicklung und dem Einsatz von KI verbunden sind, und untersucht zentrale ethische Fragen der Robotik.

7. *Floridi, L. (2019). The Fourth Industrial Revolution. Polity Press.*
   - Floridi diskutiert, wie die vierte industrielle Revolution durch Künstliche Intelligenz, Big Data und andere Technologien die Gesellschaft und die Wirtschaft verändert. Das Buch bietet Perspektiven auf den kulturellen Wandel, den

diese Technologien mit sich bringen.

8. **Dastin, J. (2018).** *Artificial Intelligence: A Guide for Thinking Humans. Viking.*
   - Ein populärwissenschaftliches Buch, das die Auswirkungen von KI auf die menschliche Gesellschaft, Wirtschaft und Politik aufzeigt. Es geht besonders auf die Herausforderungen ein, die mit dem wachsenden Einfluss von KI verbunden sind.

9. **Chui, M., & Manyika, J. (2017).** *Where AI is Making the Biggest Impact. McKinsey Quarterly.*
   - Eine umfassende Studie von McKinsey, die die Auswirkungen von Künstlicher Intelligenz auf verschiedene Branchen und Sektoren untersucht und dabei konkrete Anwendungen und Resultate aus der Praxis zeigt.

10. **Bostrom, N. (2014).** *Superintelligence: Paths, Dangers, Strategies. Oxford University Press.*
    - Ein vielbeachtetes Buch, das die langfristigen Risiken und Chancen von Superintelligenter Künstlicher Intelligenz untersucht. Bostrom diskutiert die möglichen Gefahren, die mit der Entwicklung von Maschinenintelligenz auf menschlichem Niveau und darüber hinaus verbunden sind.

11. **Shneiderman, B. (2020).** *Human-Centered AI: Designing for Trust, Bias Mitigation, and Fairness. Oxford University Press.*
    - Shneiderman beleuchtet die Notwendigkeit, Künstliche Intelligenz im Einklang mit menschlichen Werten zu entwickeln und stellt Prinzipien auf, die sicherstellen sollen, dass KI-Entwicklungen im Hinblick auf Fairness und ethische Verantwortung ausgerichtet sind.

12. **Joubert, G., & Taleb, N. (2017).** *Big Data, Artificial Intelligence, and the Shaping of Society. Oxford University Press.*
    - Diese Sammlung von Essays bietet verschiedene Perspektiven darauf, wie Big Data und Künstliche Intelligenz die gesellschaftlichen Strukturen und Entscheidungsprozesse beeinflussen.

Websites und Online-Ressourcen

1. **European Commission (2021).** *White Paper on Artificial Intelligence: A European approach to excellence and trust. https:// ec.europa.eu/info/strategy/justice-and-fundamental-rights/data-protection_en*
    - Ein strategisches Dokument der Europäischen Kommission zur Regulierung und Förderung von Künstlicher Intelligenz innerhalb der EU, das ethische Überlegungen und Richtlinien zur vertrauenswürdigen Nutzung von KI behandelt.
2. **World Economic Forum (2020).** *The Future of Jobs Report.* https://www.weforum.org/reports/the-future-of-jobs-report-2020
    - Eine umfassende Studie des Weltwirtschaftsforums, die sich mit der Transformation des Arbeitsmarktes durch Automatisierung und KI befasst.
3. **AI Now Institute (2018).** *AI Now Report 2018.* https://ainowinstitute.org/
    - Ein Bericht des AI Now Institute, der sich mit den sozialen, rechtlichen und ethischen Auswirkungen von Künstlicher Intelligenz befasst.

Impressum

Angaben gemäß § 5 TMG:

Verantwortlich für den Inhalt:
Andreas Hauke
Berlin, Deutschland

Haftungsausschluss:
Die in diesem eBook enthaltenen Inhalte wurden mit größtmöglicher Sorgfalt erstellt. Der Autor übernimmt jedoch keine Haftung für die Vollständigkeit, Richtigkeit und Aktualität der bereitgestellten Informationen. Alle Inhalte dienen lediglich der allgemeinen Information und stellen keine rechtliche, medizinische oder professionelle Beratung dar.

Urheberrecht:
Dieses eBook ist urheberrechtlich geschützt. Alle Rechte, insbesondere die der Vervielfältigung, Verbreitung und Übersetzung, liegen beim Autor, sofern nicht anders angegeben. Jegliche Vervielfältigung, Verbreitung oder Weitergabe der Inhalte, ganz oder teilweise, ohne ausdrückliche Genehmigung des Autors ist untersagt.

Haftung für externe Links:
Dieses eBook enthält Verweise auf externe Webseiten. Für den Inhalt dieser externen Seiten übernimmt der Autor keine Verantwortung. Die Verantwortung für den Inhalt der verlinkten Seiten liegt bei den jeweiligen Betreibern.

Datenschutz:
Alle personenbezogenen Daten, die in Zusammenhang mit diesem eBook erfasst werden, werden ausschließlich im

Rahmen der geltenden Datenschutzgesetze verarbeitet. Eine Weitergabe an Dritte erfolgt nur, wenn dies gesetzlich vorgeschrieben ist.